한자 7급 부록

25일 50자

洞	골 동 / 밝을 통	86쪽
里	마을 리	84쪽
問	물을 문	78쪽
夕	저녁 석	22쪽
心	마음 심	76쪽
冬	겨울 동	30쪽
老	늙을 로(노)	18쪽
文	글월 문	50쪽
色	빛 색	110쪽
植	심을 식	92쪽
旗	기 기	54쪽
來	올 래(내)	32쪽
命	목숨 명	60쪽
算	셈 산	68쪽
數	셈 수	70쪽
口	입 구	74쪽
登	오를 등	100쪽
面	낯 면	82쪽
夫	지아비 부	88쪽
少	적을 소	20쪽
歌	노래 가	98쪽
同	한가지 동	108쪽
林	수풀 림(임)	94쪽
百	일백 백	44쪽
所	바 소	58쪽

<참 쉬운 급수 한자 8급>

<참 쉬운 급수 한자 8급>에서 학습하세요.

教	가르칠 교	76쪽
校	학교 교	70쪽
九	아홉 구	40쪽
國	나라 국	98쪽
軍	군사 군	92쪽
金	쇠 금 / 성씨 김	56쪽
南	남녘 남	64쪽
女	여자 녀(여)	20쪽
年	해 년(연)	82쪽
大	큰 대	104쪽
東	동녘 동	60쪽
六	여섯 륙(육)	34쪽
萬	일만 만	44쪽
母	어머니 모	14쪽
木	나무 목	54쪽
門	문 문	80쪽
民	백성 민	96쪽
白	흰 백	90쪽
父	아버지 부	12쪽
北	북녘 북 / 달아날 배	66쪽
四	넉 사	30쪽
山	메/산 산	106쪽
三	석 삼	28쪽
生	날 생	74쪽
西	서녘 서	62쪽
先	먼저 선	86쪽
小	작을 소	52쪽
水	물 수	78쪽
室	집 실	42쪽
十	열 십	66쪽
五	다섯 오	32쪽
王	임금 왕	100쪽
外	바깥 외	108쪽
月	달 월	48쪽
二	두 이	26쪽
人	사람 인	102쪽
日	날 일	46쪽
一	한 일	24쪽
長	긴 장	110쪽
弟	아우 제	18쪽
中	가운데 중	84쪽
靑	푸를 청	88쪽
寸	마디 촌	22쪽
七	일곱 칠	36쪽
土	흙 토	38쪽
八	여덟 팔	68쪽
學	배울 학	72쪽
韓	한국/나라 한	94쪽
兄	형 형	16쪽
火	불 화	50쪽

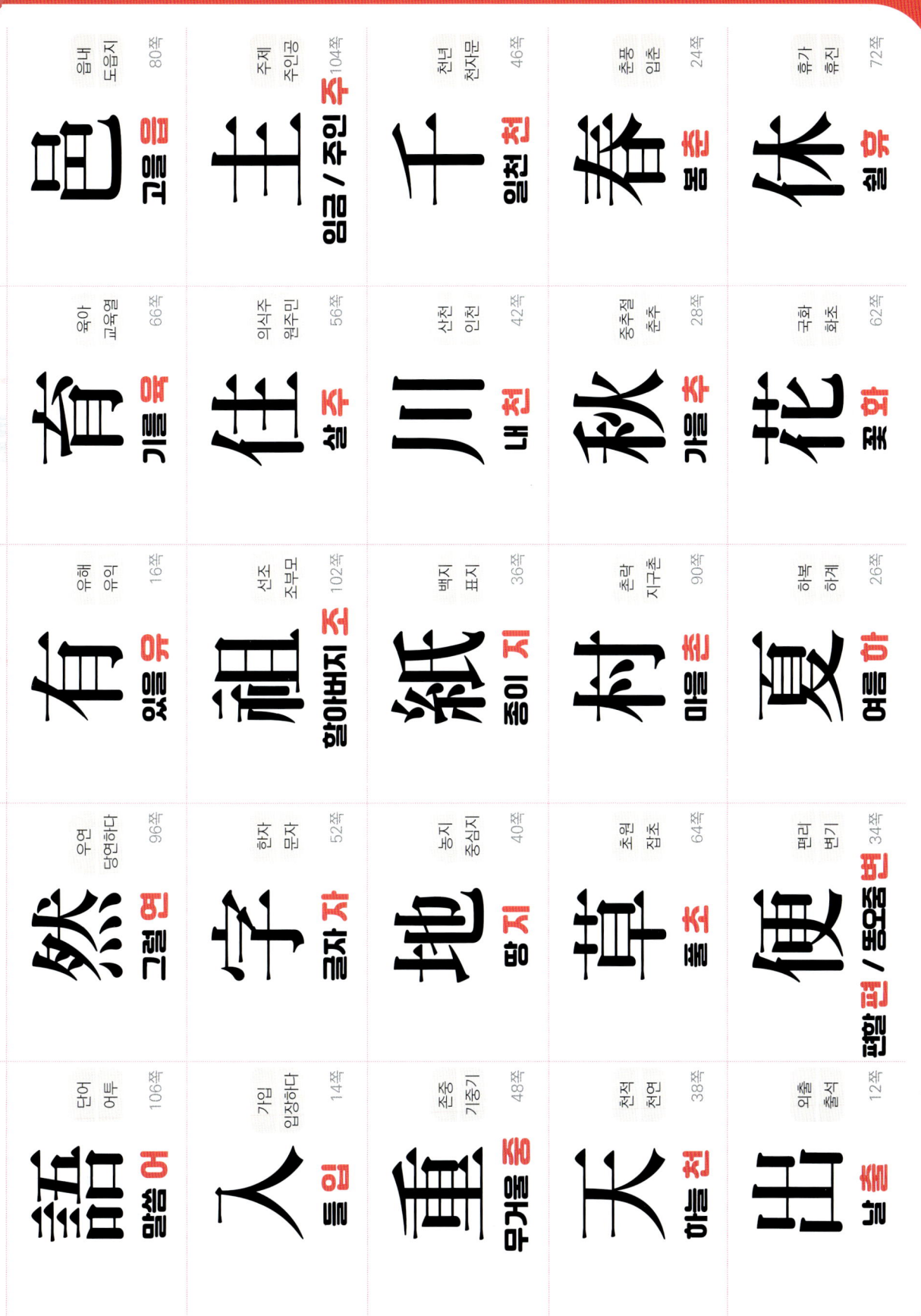

〈참 쉬운 급수 한자 7급 Ⅲ〉

家	집 가	80쪽
間	사이 간	34쪽
江	강 강	64쪽
車	수레 거/수레 차	86쪽
空	빌 공	84쪽
工	장인 공	100쪽
記	기록할 기	62쪽
氣	기운 기	20쪽
男	사내 남	82쪽
內	안 내	
農	농사 농	66쪽
答	대답 답	94쪽
道	길 도	74쪽
動	움직일 동	50쪽
力	힘 력(역)	58쪽
立	설 립(입)	78쪽
每	매양 매	92쪽
名	이름 명	54쪽
物	물건 물	96쪽
方	모 방	108쪽
不	아닐 불(부)	
事	일 사	36쪽
上	윗 상	46쪽
姓	성 성	16쪽
世	인간 세	110쪽
手	손 수	52쪽
時	때 시	32쪽
市	저자 시	76쪽
食	밥/먹을 식	44쪽
安	편안 안	38쪽
午	낮 오	72쪽
右	오를 우	26쪽
自	스스로 자	56쪽
子	아들 자	22쪽
場	마당 장	68쪽
電	번개 전	60쪽
前	앞 전	28쪽
全	온전 전	106쪽
正	바를 정	70쪽
足	발 족	14쪽
左	왼 좌	24쪽
直	곧을 직	104쪽
平	평평할 평	90쪽
下	아래 하	18쪽
漢	한수/한나라 한	98쪽
海	바다 해	42쪽
話	말씀 화	102쪽
活	살 활	48쪽
孝	효도 효	88쪽
後	뒤 후	30쪽

〈참 쉬운 급수 한자 7급 Ⅱ〉에서 학습하세요.

참 쉬운 급수 한자

7급

<EBS 참 쉬운 급수 한자>

구성과 특징

이렇게 활용하면 한자가 더 쉬워집니다!

① 하루 2자씩, 25일 완성

자기 주도 학습으로 25일 동안 차근차근 학습을 할 수 있어요.

② 따라 쓰기

올바른 순서로 따라 쓰면서 완벽하게 이해해요.

한자를 더 쉽게 만드는 특별 부록!

▶ 본문 50개의 한자와 책상 부착용 한자 포스터

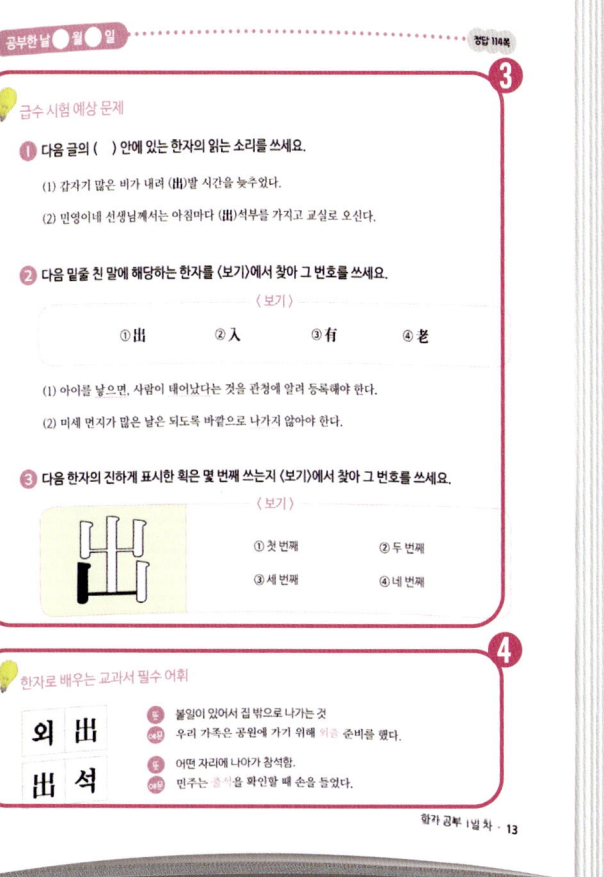

③ 예상 문제

이해하기 쉬운 예문을 읽으면서
문제를 풀어 봅니다.
오늘 배운 한자를 활용해 보아요.

④ 필수 어휘

교과서 필수 어휘를 수록하여
어휘 실력을 더 향상할 수 있어요.

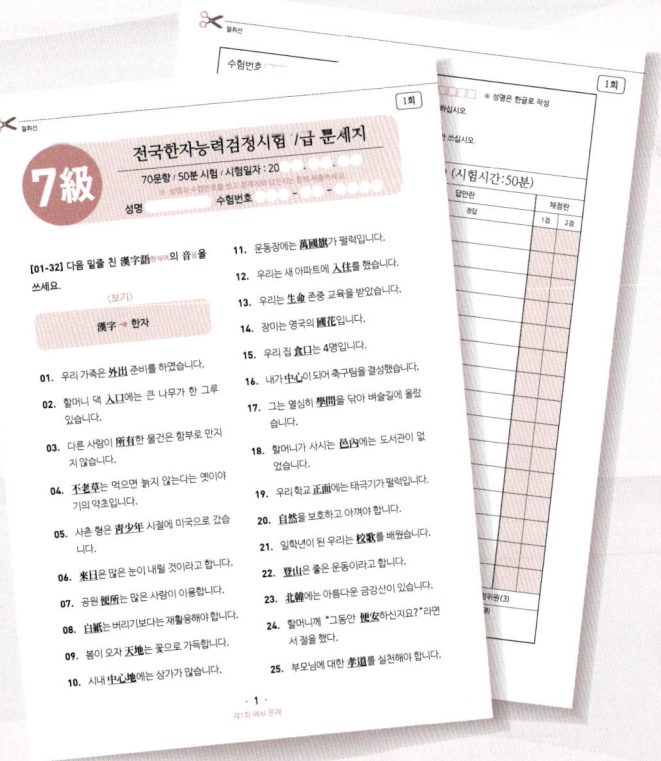

- ▶ 한국어문회한자능력검정시험에 대한
  설명(본문 8쪽)
  - ▶ 시험 안내, 시험지와 답안지 예시 샘플, 작성 방법
  - ▶ 시험과 답안지 작성 방법은 강의로도 제작하여 연결

- ▶ 시험장을 그대로, 모의고사와 답안지
  - ▶ 실제 시험지 크기와 유사하게 제작 현장에서 당황하지 않도록 3회분 모의고사와 연습 답안지를 제공

차례

<EBS 참 쉬운 급수 한자>

• 1주 차 •

1일	出	날 출	12쪽	入	들 입	14쪽
2일	有	있을 유	16쪽	老	늙을 로(노)	18쪽
3일	少	적을 소	20쪽	夕	저녁 석	22쪽
4일	春	봄 춘	24쪽	夏	여름 하	26쪽
5일	秋	가을 추	28쪽	冬	겨울 동	30쪽

• 2주 차 •

6일	來	올 래(내)	32쪽	便	편할 편 / 똥오줌 변	34쪽
7일	紙	종이 지	36쪽	天	하늘 천	38쪽
8일	地	땅 지	40쪽	川	내 천	42쪽
9일	百	일백 백	44쪽	千	일천 천	46쪽
10일	重	무거울 중	48쪽	文	글월 문	50쪽

• 3주 차 •

11일	字	글자 자	52쪽	旗	기 기	54쪽
12일	住	살 주	56쪽	所	바 소	58쪽
13일	命	목숨 명	60쪽	花	꽃 화	62쪽
14일	草	풀 초	64쪽	育	기를 육	66쪽
15일	算	셈 산	68쪽	數	셈 수	70쪽

• 4주 차 •

16일	休	쉴 휴	72쪽	口	입 구	74쪽
17일	心	마음 심	76쪽	問	물을 문	78쪽
18일	邑	고을 읍	80쪽	面	낯 면	82쪽
19일	里	마을 리	84쪽	洞	골 동 / 밝을 통	86쪽
20일	夫	지아비 부	88쪽	村	마을 촌	90쪽

• 5주 차 •

21일	植	심을 식	92쪽	林	수풀 림(임)	94쪽
22일	然	그럴 연	96쪽	歌	노래 가	98쪽
23일	登	오를 등	100쪽	祖	할아버지 조	102쪽
24일	主	임금 / 주인 주	104쪽	語	말씀 어	106쪽
25일	同	한가지 동	108쪽	色	빛 색	110쪽

특별 부록

한자 급수 시험 예상 모의고사 1회

한자 급수 시험 예상 모의고사 2회

한자 급수 시험 예상 모의고사 3회

책상 부착용 포스터

8급 배정 한자

〈참 쉬운 급수 한자 8급〉에서 학습하세요.

父 아버지 부	母 어머니 모	兄 형 형	弟 아우 제	女 여자 녀(여)	寸 마디 촌	一 한 일	二 두 이	三 석 삼	四 넉 사
五 다섯 오	六 여섯 륙(육)	七 일곱 칠	八 여덟 팔	九 아홉 구	十 열 십	萬 일만 만	日 날 일	月 달 월	火 불 화
水 물 수	木 나무 목	金 쇠 금 / 성씨 김	土 흙 토	東 동녘 동	西 서녘 서	南 남녘 남	北 북녘 북 / 달아날 배	學 배우다 학	校 학교 교
先 먼저 선	生 나다 생	敎 가르치다 교	室 집 실	門 문 문	大 크다 대	中 가운데 중	小 작다 소	靑 푸르다 청	白 희다 백
軍 군사 군	韓 한국 / 나라 한	民 백성 민	國 나라 국	王 임금 왕	人 사람 인	年 해 년(연)	山 산 산	外 바깥 외	長 길 장

7급 II 배정 한자

〈참 쉬운 급수 한자 7급 II〉에서 학습하세요.

手 손 수	足 발 족	上 윗 상	下 아래 하	男 사내 남	子 아들 자	左 왼 좌	右 오른 우	前 앞 전	後 뒤 후
時 때 시	間 사이 간	不 아닐 불(부)	安 편안 안	江 강 강	海 바다 해	食 밥 / 먹을 식	事 일 사	活 살 활	動 움직일 동
姓 성 성	名 이름 명	自 스스로 자	力 힘 력(역)	電 번개 전	氣 기운 기	車 수레 차 / 수레 거	農 농사 농	場 마당 장	正 바를 정
午 낮 오	道 길 도	市 저자 시	立 설 립(입)	家 집 가	內 안 내	工 장인 공	空 빌 공	孝 효도 효	平 평평할 평
每 매양 매	答 대답 답	物 물건 물	漢 한수 / 한나라 한	記 기록할 기	話 말씀 화	直 곧을 직	全 온전 전	方 모 방	世 인간 세

<EBS 참 쉬운 급수 한자>

급수 시험 소개와 학습 수준 안내

▶ 한자를 배우고 공부해야 하는 이유

우리말은 70% 이상이 한자어이고 나머지는 고유어(순우리말)와 외래어로 구성되어 있습니다. 우리말의 어휘력을 늘리고, 더 쉽게 이해하기 위해서는 한자 공부가 필요합니다.

▶ 한자 자격 급수별 안내

교육 급수		8급	7급Ⅱ	7급	6급Ⅱ	6급	5급Ⅱ	5급	4급Ⅱ	4급
배정 한자	신규	50	50	50	75	75	100	100	250	250
	누적	50	100	150	225	300	400	500	750	1,000
	읽기	50	100	150	225	300	400	500	750	1,000
	쓰기	–	–	–	50	150	225	300	400	500
출제 문항		50	60	70	80	90	100	100	100	100
합격 기준		35	42	49	56	63	70	70	70	70
시험 시간		50분								
응시 비용		20,000원								

공인 급수		3급Ⅱ	3급	2급	1급	특급Ⅱ	특급
배정 한자	신규	500	317	538	1,145	1,418	1,060
	누적	1,500	1,817	2,355	3,500	4,918	5,978
	읽기	1,500	1,817	2,355	3,500	4,918	5,978
	쓰기	750	1,000	1,817	2,005	2,355	3,500
출제 문항		150	150	150	200	200	200
합격 기준		105	105	105	160	160	160
시험 시간		60분	60분	60분	90분	100분	100분
응시 비용		25,000원			45,000원		

▶ 한자 자격 급수 시험 응시 방법 안내

▶ 시험 시작 20분 전까지 고사실에 입실해야 하며, 동반자는 20분 전까지 고사장 밖으로 퇴장해야 합니다.

▶ 급수별로 연 4회 실시하며 매년 시행 기관 홈페이지에서 세부 일정을 안내합니다. 단, 고사장 운영 및 대입 일정, 방역 대책 등의 사유로 변경될 수 있습니다.

급수별 출제 기준(교육 급수)

구분	8급	7급Ⅱ	7급	6급Ⅱ	6급	5급Ⅱ	5급	4급Ⅱ	4급
독음(讀音)	24	22	32	32	33	35	35	35	32
훈음(訓音)	24	30	30	29	22	23	23	22	22
장단음(長短音)	0	0	0	0	0	0	0	0	3
상대어(相對語)	0	2	2	2	3	3	3	3	3
성어(成語)	0	2	2	2	3	4	4	5	5
부수(部首)	0	0	0	0	0	0	0	3	3
유의어(類義語)	0	0	0	0	2	3	3	3	3
동음이의어(同音異義語)	0	0	0	0	2	3	3	3	3
뜻풀이	0	2	2	2	2	3	3	3	3
약자(略字)	0	0	0	0	0	3	3	3	3
한자 쓰기	0	0	0	10	20	20	20	20	20
필순(筆順)	2	2	2	3	3	3	3	0	0
출제 문항 수	50	60	70	80	90	100	100	100	100

※ 한국어문회(한국한자능력검정회) 기준입니다. 시험 시행 기관에 따라 배정 한자와 시행 방법이 다를 수 있습니다.
※ 한국어문회(한국한자능력검정회) 홈페이지(www.hanja.re.kr)에서 확인할 수 있습니다.

이외 한자 급수 시험 주최 기관

한자 급수 시험 주최 기관은 '한국어문회' 외에도 아래의 기관별 홈페이지에서 응시 정보를 확인할 수 있습니다.

▶ **대한검정회 | www.hanja.ne.kr**
8급 30자 25문제, 7급 50자 25문제, 6급 70자 50문제이며 70점 이상이면 합격
8급부터 준5급까지는 객관식 문제만 출제, 6급까지는 뜻과 음만 알면 풀 수 있는 문제로 구성

▶ **한자교육진흥회 | web.hanja114.org**
8급 50자 50문제, 7급 120자 50문제, 6급 170자 80문제가 출제되며 70점 이상이면 합격
7·8급은 음과 뜻 맞추기 문제가 출제되고, 6급부터 쓰기 문제가 출제

▶ **상공회의소 | license.korcham.net**
9급 50자 30문제, 8급 100자 50문제, 7급 150자 70문제이며 60점 이상 득점하면 합격
9급은 한자의 음과 뜻을 묻는 문제, 7급부터 뜻풀이, 빈칸 채우기 문제가 출제

〈EBS 참 쉬운 급수 한자〉
실제 시험지와 답안지 예시

◯ 시험 날 유의 사항

▶ 시험 당일에는 주민등록등본, 의료보험증 사본 등 수험생의 신분을 증명할 수 있는 서류와 볼펜, 수정 테이프를 준비합니다.
▶ 시험 시간 동안 보호자는 시험장 밖에서 기다려야 합니다.

1 고사장 도착 → 2 배치표 확인 → 3 고사실 입실 → 4 지정석 착석 → 5 시험 응시

▶ 연필과 지우개를 사용할 수 없으니 수정 테이프 사용 방법을 익혀 두고, OMR 카드를 사용하는 경우에는 답안 작성법을 미리 연습해 봅니다.

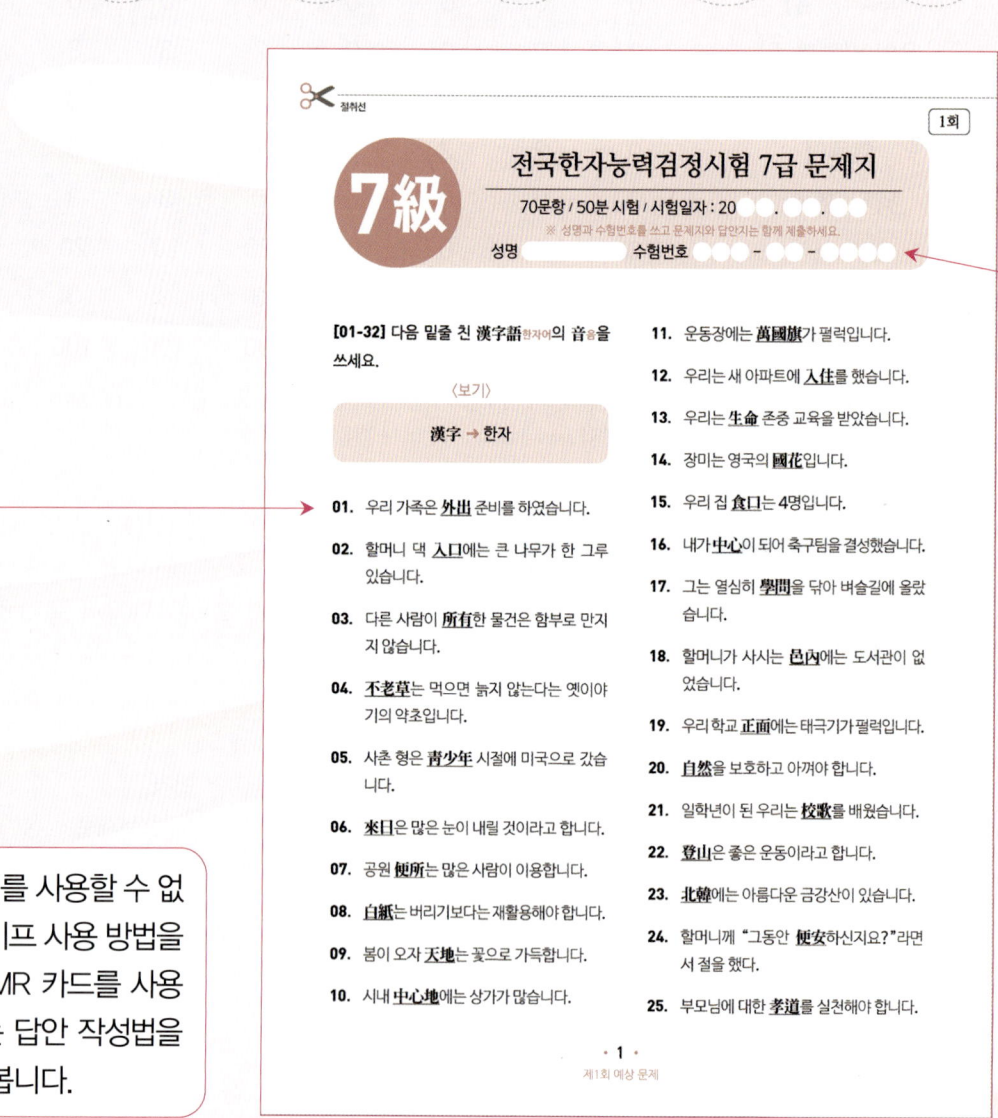

🔴 답안 작성 시 유의 사항

▶ 필기구는 검정색 볼펜, 일반 수성(플러스)펜을 사용하셔야 합니다.

▶ 연필, 붓 펜, 네임 펜, 컴퓨터용 펜, 유성 펜류는 뭉개져 흐려지거나, 번지거나, 반대편으로 배어 나와 채점 시 불이익을 받을 수 있습니다.

▶ 데이터 입력은 문자 인식 과정을 거치는데, 지정된 필기구를 사용하지 않거나, 검정색이 아닌 펜으로 작성된 답안지는 인식 과정에서 문제가 있을 수 있습니다.

▶ 수험표를 출력하여 준비하고, 수험표의 정보를 확인하여 시험지와 답안지에 그대로 적어야 합니다.

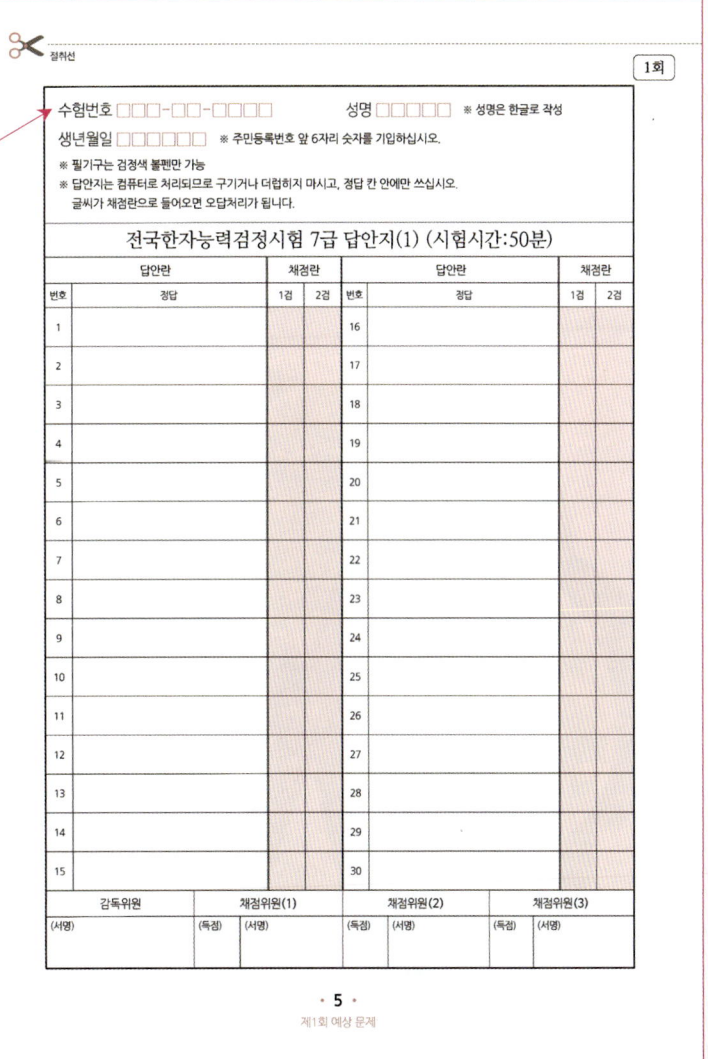

※ 본 시험지와 답안지, 수험표는 한국어문회 한자능력검정시험 기준입니다.

참 쉬운 급수 한자

7급

25일 50자

한자 공부 1일

出 / 入

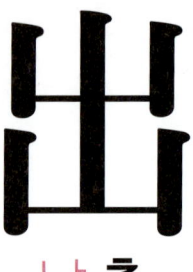

出
날 출

- 뜻 … 날
- 소리 … 출
- 부수 … 凵
- 쓰기 순서 … 丨 ▸ 屮 ▸ 屮 ▸ 屮 ▸ 出

식물의 싹이 땅위로 올라오는 모습 또는 움푹 파인 곳에서 나오는 발모양을 나타내 '**나오다**' 라는 뜻을 가짐. '**밖으로 나가다**', '**떠나가다**', '**생명이 태어나다**' 를 뜻하기도 합니다.

한자를 따라 써 보고, 한자의 뜻에 해당하는 그림을 색칠해 보세요.

出	出	出	出	出	出
날 출	날 출	날 출	날 출	날 출	날 출

공부한 날 ○월 ○일   정답 114쪽

급수 시험 예상 문제

1 다음 글의 ( ) 안에 있는 한자의 읽는 소리를 쓰세요.

(1) 갑자기 많은 비가 내려 (出)발 시간을 늦추었다.

(2) 민영이네 선생님께서는 아침마다 (出)석부를 가지고 교실로 오신다.

2 다음 밑줄 친 말에 해당하는 한자를 〈보기〉에서 찾아 그 번호를 쓰세요.

〈 보기 〉
① 出   ② 入   ③ 有   ④ 老

(1) 아이를 낳으면, 사람이 태어났다는 것을 관청에 알려 등록해야 한다.

(2) 미세 먼지가 많은 날은 되도록 바깥으로 나가지 않아야 한다.

3 다음 한자의 진하게 표시한 획은 몇 번째 쓰는지 〈보기〉에서 찾아 그 번호를 쓰세요.

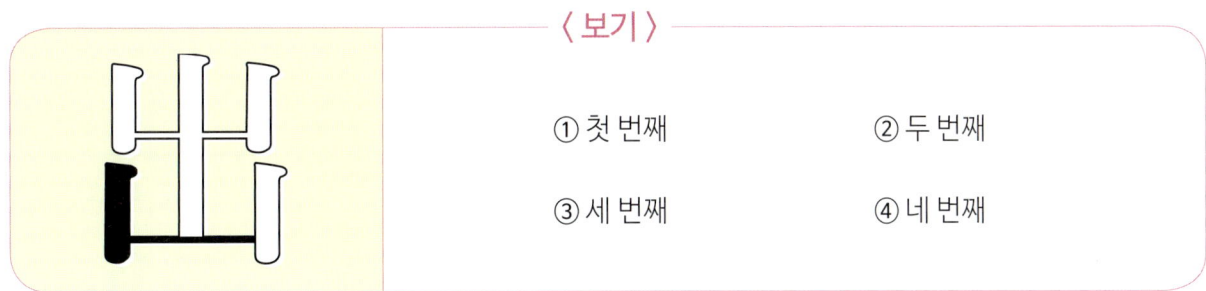

〈 보기 〉
① 첫 번째   ② 두 번째
③ 세 번째   ④ 네 번째

 한자로 배우는 교과서 필수 어휘

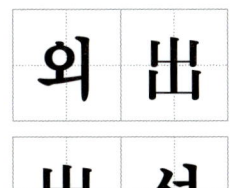

| 외 | 出 |

- 뜻: 볼일이 있어서 집 밖으로 나가는 것
- 예문: 우리 가족은 공원에 가기 위해 외출 준비를 했다.

| 出 | 석 |

- 뜻: 어떤 자리에 나아가 참석함.
- 예문: 민주는 출석을 확인할 때 손을 들었다.

入
들입

- 뜻 … 들
- 소리 … 입
- 부수 … 入
- 쓰기 순서 … ノ 入

한자 공부 1일 出 / 入

작은 집에 사람이 들어가는 모양 또는 집의 모양을 따라 만든 글자로, '밖에서 안으로 들어가다'를 뜻합니다.

한자를 따라 써 보고, 한자의 뜻에 해당하는 그림을 색칠해 보세요.

入	入	入	入	入	入
들입	들입	들입	들입	들입	들입

급수 시험 예상 문제

1 다음 글의 ( ) 안에 있는 한자의 읽는 소리를 쓰세요.

(1) 초등학교 1학년에 (入)학한 동생들이 의젓해 보였다.

(2) 건물의 (入)구에는 조각상이 있다.

2 다음 밑줄 친 말에 해당하는 한자를 〈보기〉에서 찾아 그 번호를 쓰세요.

〈 보기 〉

① 少   ② 入   ③ 有   ④ 老

(1) 중학교에 들어간 영주는 다양한 봉사 활동에 참여했다.

(2) 내 방은 햇빛이 잘 들어 밝은 편이다.

3 다음 한자의 진하게 표시한 획은 몇 번째 쓰는지 〈보기〉에서 찾아 그 번호를 쓰세요.

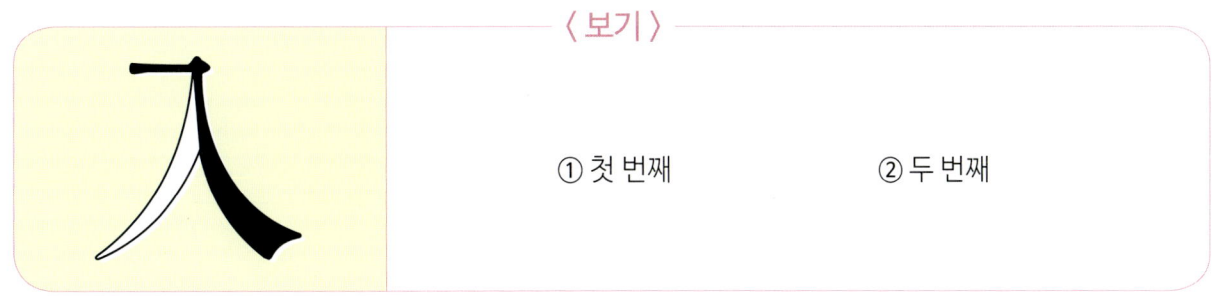

① 첫 번째   ② 두 번째

한자로 배우는 교과서 필수 어휘

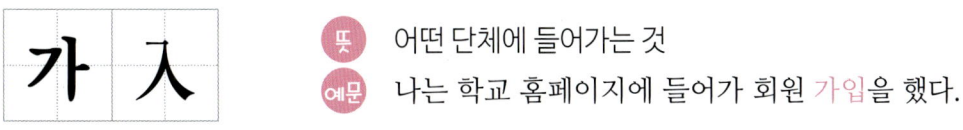

- 뜻: 어떤 단체에 들어가는 것
- 예문: 나는 학교 홈페이지에 들어가 회원 가입을 했다.

- 뜻: 장내로 들어가다.
- 예문: 도연이는 축하를 받으며 입장했다.

한자 공부 2일

有 / 老

有 있을 유

- 뜻 ··· 있을
- 소리 ··· 유
- 부수 ··· 月
- 쓰기 순서 ··· ノ ナ 冇 冇 有 有

달이 있는 모양을 따라 만든 글자로, '있다', '존재하다', '소유하다'를 뜻합니다.

한자를 따라 써 보고, 한자의 뜻에 해당하는 그림을 색칠해 보세요.

有	有	有	有	有	有
있을 유	있을 유	있을 유	있을 유	있을 유	있을 유

공부한 날 ○월 ○일 정답 114쪽

💡 급수 시험 예상 문제

1 다음 글의 ( ) 안에 있는 한자의 읽는 소리를 쓰세요.

(1) 자기가 소(有)한 물건은 소중히 다루어야 한다.

(2) 어떤 일을 선택할 때는 나에게 (有)리한지 불리한지 따지기 마련이다.

2 다음 밑줄 친 말에 해당하는 한자를 〈보기〉에서 찾아 그 번호를 쓰세요.

〈 보기 〉
① 夕   ② 老   ③ 有   ④ 少

(1) 책상 위에는 책이 있다.

(2) 날지 못하는 새도 있다고 한다.

3 다음 한자의 진하게 표시한 획은 몇 번째 쓰는지 〈보기〉에서 찾아 그 번호를 쓰세요.

〈 보기 〉
① 첫 번째   ② 두 번째
③ 네 번째   ④ 여섯 번째

💡 한자로 배우는 교과서 필수 어휘

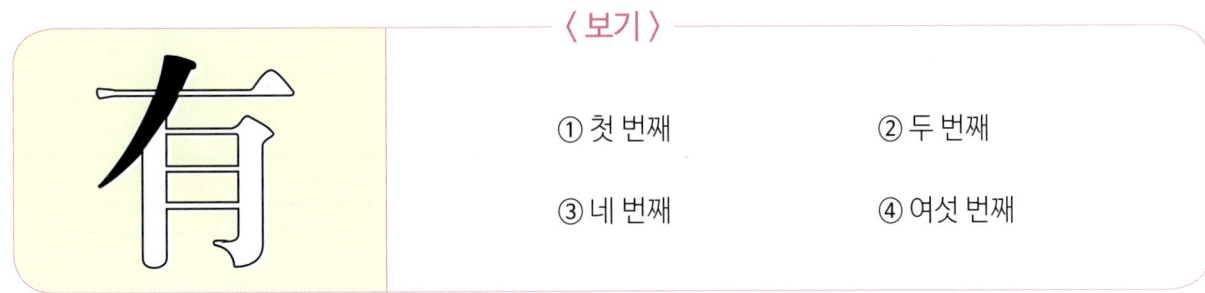

有 해
- 뜻: 건강에 해로운 것
- 예문: 환경에 유해한 일회용품 사용을 줄이자.

有 익
- 뜻: 이롭거나 도움이 될 만한 것이 있음.
- 예문: 이 책은 유익한 내용을 많이 담았다.

老
늙을 로(노)

- 뜻 ⋯ 늙을
- 소리 ⋯ 로(노)
- 부수 ⋯ 老
- 쓰기 순서 ⋯ 一 → 十 → 土 → 耂 → 耂 → 老

한자 공부 2일
有 / 老

머리카락이 길고 허리가 굽은 노인이 지팡이를 짚고 서 있는 모양을 따라 만든 글자로, 앞에 놓이면 '노'로, 뒤에서는 '로'로 읽습니다.

한자를 따라 써 보고, 한자의 뜻에 해당하는 그림을 색칠해 보세요.

老	老	老	老	老	老
늙을 로(노)	늙을 로(노)	늙을 로(노)	늙을 로(노)	늙을 로(노)	늙을 로(노)

공부한 날 ◯월 ◯일　　　　　　　　　　　　　　　　　정답 114쪽

💡 급수 시험 예상 문제

1 다음 글의 ( ) 안에 있는 한자의 읽는 소리를 쓰세요.

(1) 지하철에는 (老)약자석이 있다.

(2) 중국의 진시황은 불(老)초를 구하기 위해 우리나라에도 신하를 보냈다.

2 다음 밑줄 친 말에 해당하는 한자를 〈보기〉에서 찾아 그 번호를 쓰세요.

〈 보기 〉

① 少　　　② 夕　　　③ 有　　　④ 老

(1) 그 사람은 나이보다 더 <u>늙어</u> 보였다.

(2) 강아지는 열 살만 되어도 <u>늙은</u> 편에 속한다.

3 다음 한자의 진하게 표시한 획은 몇 번째 쓰는지 〈보기〉에서 찾아 그 번호를 쓰세요.

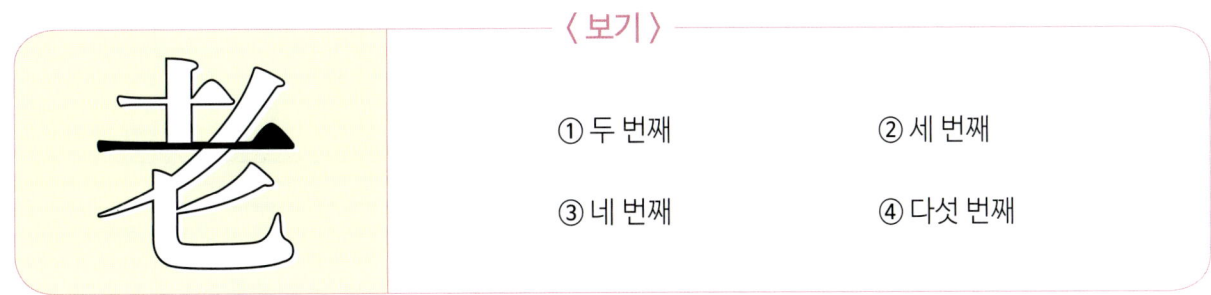

〈 보기 〉

① 두 번째　　② 세 번째

③ 네 번째　　④ 다섯 번째

💡 한자로 배우는 교과서 필수 어휘

- 뜻: 노인들이 모여 여가를 즐길 수 있도록 마련한 집이나 방
- 예문: 할머니는 종종 경로당에서 시간을 보내신다.

- 뜻: 늙은이와 젊은이를 아울러 이르는 말
- 예문: 지훈이는 그 책을 노소에 관계없이 모두에게 추천했다.

한자 공부 3일 少 / 夕

少
적을 소

- 뜻 … 적을
- 소리 … 소
- 부수 … 小
- 쓰기 순서 … 丿 ▸ 丿 ▸ 小 ▸ 少

작은 파편이 튀는 모습을 따라 만든 글자로, '**수량이 적다**', '**어리다**', '**젊다**'를 뜻합니다.

한자를 따라 써 보고, 한자의 뜻에 해당하는 그림을 색칠해 보세요.

少	少	少	少	少	少
적을 **소**	적을 소	적을 소	적을 소	적을 소	적을 소

공부한 날 ○월 ○일

정답 114쪽

급수 시험 예상 문제

1 다음 글의 ( ) 안에 있는 한자의 읽는 소리를 쓰세요.

(1) 노래를 좋아하는 대한이는 (少)년 합창단에 들어갔다.

(2) 빨리 자라서 사촌형처럼 청(少)년이 되고 싶다.

2 다음 밑줄 친 말에 해당하는 한자를 〈보기〉에서 찾아 그 번호를 쓰세요.

〈 보기 〉

① 少　　　② 有　　　③ 夕　　　④ 老

(1) 기대와 달리 참석한 사람이 적었다.

(2) 급식을 적게 먹어서 하굣길에 배가 고프다고 하는 친구들도 있다.

3 다음 한자의 진하게 표시한 획은 몇 번째 쓰는지 〈보기〉에서 찾아 그 번호를 쓰세요.

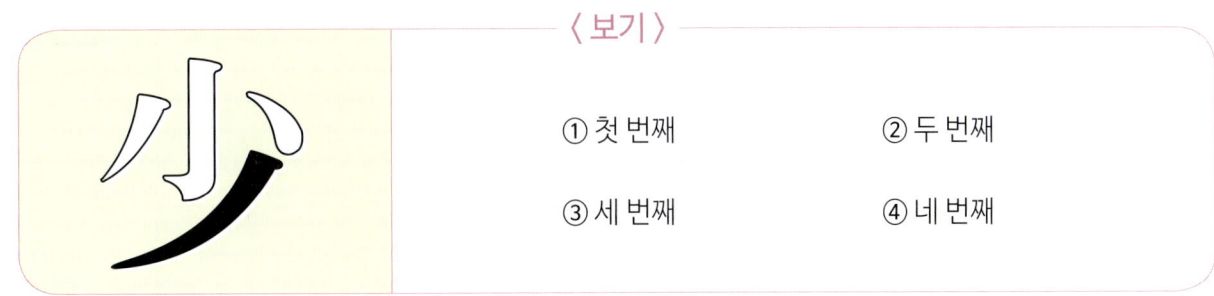

〈 보기 〉

① 첫 번째　　② 두 번째

③ 세 번째　　④ 네 번째

 한자로 배우는 교과서 필수 어휘

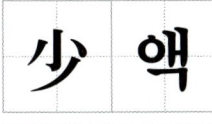

- 뜻: 적은 금액
- 예문: 우리 가족은 매달 소액으로 아프리카의 아이들을 돕기로 했다.

- 뜻: 적은 수효의 사람
- 예문: 민주주의는 소수의 의견도 존중한다.

夕

저녁 석

- 뜻 ⋯ 저녁
- 소리 ⋯ 석
- 부수 ⋯ 夕
- 쓰기 순서 ⋯ ノ ク 夕

한자 공부 3일
少 / 夕

달을 본뜬 글자로, '저녁'이나 '밤'을 뜻합니다.

한자를 따라 써 보고, 한자의 뜻에 해당하는 그림을 색칠해 보세요.

夕	夕	夕	夕	夕	夕
저녁 석	저녁 석	저녁 석	저녁 석	저녁 석	저녁 석

💡 **급수 시험 예상 문제**

❶ 다음 글의 (　) 안에 있는 한자의 읽는 소리를 쓰세요.

(1) 추(夕)에는 보름달을 보면서 소원을 비는 풍습이 있다.

(2) 아침밥을 조식, 저녁밥을 (夕)식이라고 한다.

❷ 다음 밑줄 친 말에 해당하는 한자를 〈보기〉에서 찾아 그 번호를 쓰세요.

① 少　　　② 夕　　　③ 夏　　　④ 春

(1) 수아는 <u>저녁</u>이 되기 전에 숙제를 끝냈다.

(2) 현우는 가족들과 <u>저녁</u>이면 그날 있었던 일에 대하여 이야기를 나눈다.

❸ 다음 한자의 진하게 표시한 획은 몇 번째 쓰는지 〈보기〉에서 찾아 그 번호를 쓰세요.

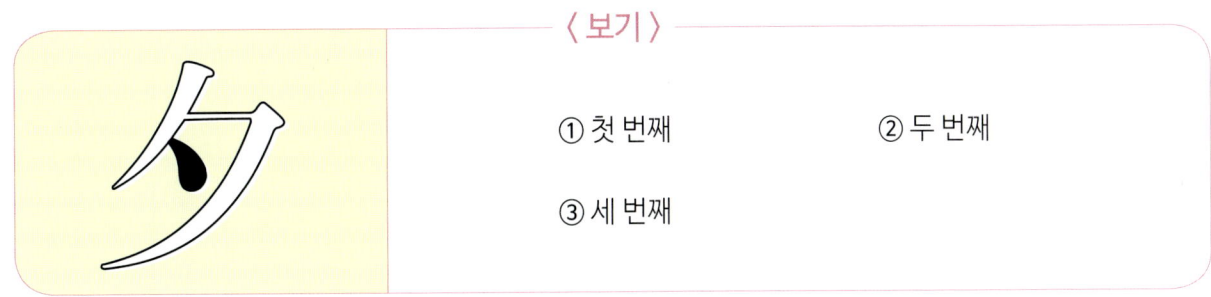

① 첫 번째　　② 두 번째

③ 세 번째

💡 **한자로 배우는 교과서 필수 어휘**

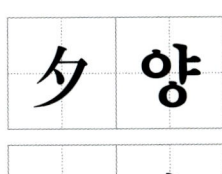

| 夕 양 |
| 뜻 | 저녁의 해, 또는 그 햇빛 |
| 예문 | 해가 지는 석양은 무척 아름답다. |

| 조 夕 |
| 뜻 | 아침과 저녁을 아울러 이르는 말 |
| 예문 | 옛날에는 부모님께 조석으로 문안 인사를 드렸다. |

한자 공부 4일
春 / 夏

春 봄춘

- 뜻 …▶ 봄
- 소리 …▶ 춘
- 부수 …▶ 日
- 쓰기 순서 …▶ 一▸二▸三▸声▸夫▸表▸춘▸春▸春

새싹이 올라오는 모습을 따라 만든 글자로, 사계절 중 '봄'을 뜻합니다. 艹(풀 초)+屯(진 칠 둔)+日(날 일)을 합쳐 새싹이 올라오는 모습을 그린 글자입니다.

한자를 따라 써 보고, 한자의 뜻에 해당하는 그림을 색칠해 보세요.

공부한 날 ○월 ○일

정답 114쪽

급수 시험 예상 문제

1 다음 글의 ( ) 안에 있는 한자의 읽는 소리를 쓰세요.

(1) 어른의 나이를 높여서 (春)추라고 한다.

(2) 일 년은 (春)하추동의 사계절로 되어 있다.

2 다음 밑줄 친 말에 해당하는 한자를 〈보기〉에서 찾아 그 번호를 쓰세요.

〈 보기 〉

① 夏   ② 夕   ③ 春   ④ 秋

(1) 개나리가 봄소식을 전해 준다.

(2) 봄이 되면 강남 갔던 제비가 돌아온다.

3 다음 한자의 진하게 표시한 획은 몇 번째 쓰는지 〈보기〉에서 찾아 그 번호를 쓰세요.

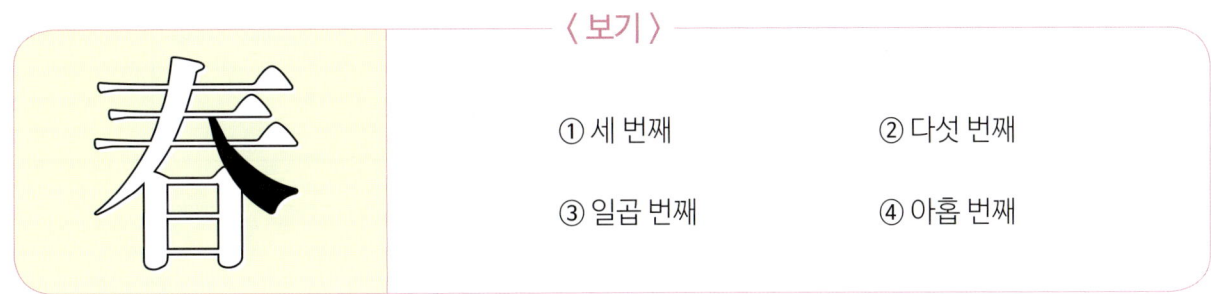

〈 보기 〉

① 세 번째   ② 다섯 번째

③ 일곱 번째   ④ 아홉 번째

 한자로 배우는 교과서 필수 어휘

春	풍

- 뜻: 봄철에 불어오는 훈훈한 바람
- 예문: 춘풍이 불어오니 곧 봄이 올 것 같다.

입	春

- 뜻: 봄이 시작되는 날
- 예문: 입춘이 지나면 날씨는 한결 따뜻해진다.

夏
여름 하

- 뜻 … 여름
- 소리 … 하
- 부수 … 夊
- 쓰기 순서 … 一 ▸ 丆 ▸ 丆 ▸ 襾 ▸ 襾 ▸ 頁 ▸ 頁 ▸ 頁 ▸ 夏 ▸ 夏

한자 공부 4일
春 / 夏

頁(머리 혈), 臼(절구 구), 夊(천천히 걸을 쇠)가 모인 글자로, '여름'을 뜻합니다.

한자를 따라 써 보고, 한자의 뜻에 해당하는 그림을 색칠해 보세요.

공부한 날 ○월 ○일

정답 114쪽

급수 시험 예상 문제

1 다음 글의 ( ) 안에 있는 한자의 읽는 소리를 쓰세요.

(1) (夏)지는 일 년 중 낮의 길이가 가장 길고 밤의 길이가 가장 짧다.

(2) 윤하는 이번 (夏)계휴가를 제주도로 가기로 했다.

2 다음 밑줄 친 말에 해당하는 한자를 〈보기〉에서 찾아 그 번호를 쓰세요.

〈 보기 〉

① 冬　　　② 秋　　　③ 春　　　④ 夏

(1) 여름철 물놀이는 안전이 제일 중요하다.

(2) 여름에는 장마로 인해 전국적으로 물난리가 발생하기도 한다.

3 다음 한자의 진하게 표시한 획은 몇 번째 쓰는지 〈보기〉에서 찾아 그 번호를 쓰세요.

〈 보기 〉

① 세 번째　　　② 네 번째

③ 다섯 번째　　④ 여섯 번째

 한자로 배우는 교과서 필수 어휘

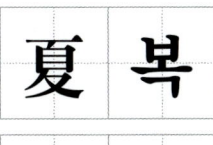

- 뜻: 여름철에 입는 옷
- 예문: 여름철에는 하복을, 겨울철에는 동복을 입는다.

- 뜻: 여름철
- 예문: 1988년 우리나라에서는 하계 올림픽이 열렸다.

한자 공부 5일 — 秋 / 冬

秋 가을 추

- 뜻 … 가을
- 소리 … 추
- 부수 … 禾
- 쓰기 순서 … 一 二 千 千 禾 禾 秒 秒 秋

곡식이 익어 가는 모습을 표현한 것으로, 수확의 계절인 '가을'을 뜻합니다. 禾(벼 화)와 火(불 화)가 결합한 모습입니다.

한자를 따라 써 보고, 한자의 뜻에 해당하는 그림을 색칠해 보세요.

공부한 날 ○월 ○일　　　　　　　　　　　　　　　　　　　　　정답 114쪽

급수 시험 예상 문제

1 다음 글의 (　) 안에 있는 한자의 읽는 소리를 쓰세요.

(1) (秋)석에는 송편을 먹는 전통이 있다.

(2) 농촌에서는 가을이 되면 (秋)수하느라 일손이 바쁘다.

2 다음 밑줄 친 말에 해당하는 한자를 〈보기〉에서 찾아 그 번호를 쓰세요.

〈 보기 〉

① 秋　　　② 冬　　　③ 夏　　　④ 來

(1) 가을이 되면 사람들은 단풍 구경을 간다.

(2) 가을을 결실의 계절이라고도 한다.

3 다음 한자의 진하게 표시한 획은 몇 번째 쓰는지 〈보기〉에서 찾아 그 번호를 쓰세요.

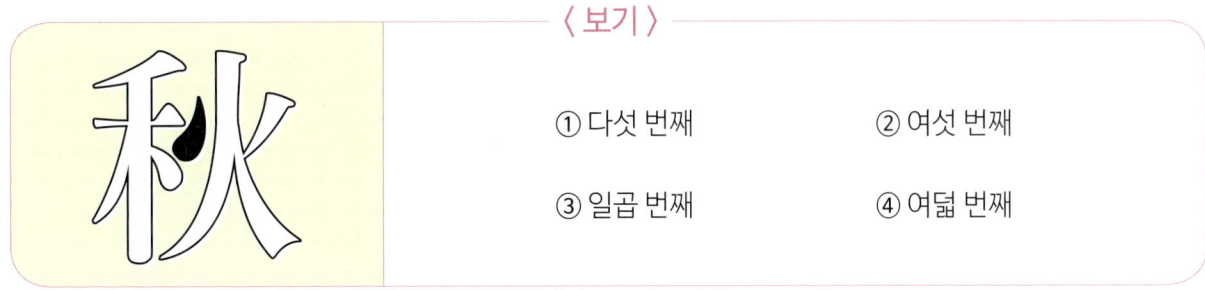

〈 보기 〉

① 다섯 번째　　　② 여섯 번째

③ 일곱 번째　　　④ 여덟 번째

한자로 배우는 교과서 필수 어휘

- 뜻: 추석
- 예문: 추석을 중추절이라고도 한다.

- 뜻: 봄과 가을
- 예문: 봄과 가을에 입는 옷을 춘추복이라고 한다.

한자 공부 5일 차 · 29

한자 공부 5일 — 秋 / 冬

冬 겨울 동

- 뜻 … 겨울
- 소리 … 동
- 부수 … 冫
- 쓰기 순서 … ノ ク 夂 冬 冬

冫(얼음 빙)과 夂(뒤져 올 치)가 결합한 모습입니다. 얼음이 얼고 가장 늦게 오는 계절인 '겨울'을 뜻합니다.

한자를 따라 써 보고, 한자의 뜻에 해당하는 그림을 색칠해 보세요.

冬	冬	冬	冬	冬	冬
겨울 동	겨울 동	겨울 동	겨울 동	겨울 동	겨울 동

공부한 날 ◯월 ◯일

정답 114쪽

 급수 시험 예상 문제

1 다음 글의 (   ) 안에 있는 한자의 읽는 소리를 쓰세요.

(1) (冬)지는 일 년 중 밤이 가장 길고 낮이 가장 짧다.

(2) 2018년 우리나라에서 평창 (冬)계 올림픽이 열렸다.

2 다음 밑줄 친 말에 해당하는 한자를 〈보기〉에서 찾아 그 번호를 쓰세요.

〈 보기 〉

① 便　　　② 冬　　　③ 來　　　④ 秋

(1) 온 가족이 모여 <u>겨울</u>을 준비하기 위해 김장을 했다.

(2) 이번 <u>겨울</u> 방학에는 가족과 함께 스키를 타고 싶다.

3 다음 한자의 진하게 표시한 획은 몇 번째 쓰는지 〈보기〉에서 찾아 그 번호를 쓰세요.

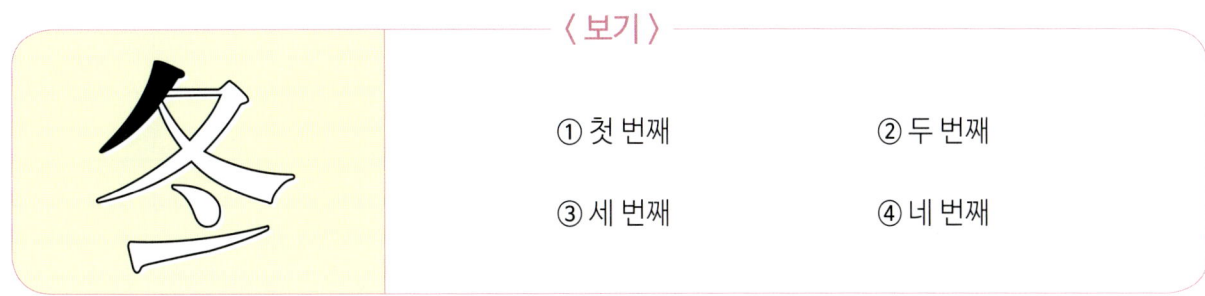

〈 보기 〉

① 첫 번째　　② 두 번째

③ 세 번째　　④ 네 번째

 한자로 배우는 교과서 필수 어휘

뜻: 겨울잠
예문: 개구리, 곰, 다람쥐 등은 동면하는 동물이다.

뜻: 봄·여름·가을·겨울의 네 계절
예문: 사계절을 춘하추동이라고 한다.

한자 공부 5일 차 · 31

한자 공부 6일
來 / 便

來
올 래(내)

- 뜻 … 올
- 소리 … 래(내)
- 부수 … 人
- 쓰기 순서 … 一 ▸ 厂 ▸ 厂 ▸ 厉 ▸ 來 ▸ 來 ▸ 來 ▸ 來

'보리'를 뜻하던 글자였습니다. 옛사람들은 곡식은 하늘에서 내려오는 것으로 생각하여, '오다'라는 뜻으로 쓰이게 되었습니다.

한자를 따라 써 보고, 한자의 뜻에 해당하는 그림을 색칠해 보세요.

來	來	來	來	來	來
올 래(내)	올 래(내)	올 래(내)	올 래(내)	올 래(내)	올 래(내)

공부한 날 ○월 ○일 · 정답 114쪽

급수 시험 예상 문제

1 다음 글의 ( ) 안에 있는 한자의 읽는 소리를 쓰세요.

(1) 삼촌네 가족과 (來)일 캠핑을 가기로 했다.

(2) 나와 동생은 어머니가 읽어 주시는 전(來) 동화를 좋아한다.

2 다음 밑줄 친 말에 해당하는 한자를 〈보기〉에서 찾아 그 번호를 쓰세요.

〈 보기 〉

① 便　　　② 來　　　③ 冬　　　④ 紙

(1) 우리 집에 오시는 손님에게 반갑게 인사한다.

(2) 다가오는 미래를 꿈꾸며 실력을 키워 나가자.

3 다음 한자의 진하게 표시한 획은 몇 번째 쓰는지 〈보기〉에서 찾아 그 번호를 쓰세요.

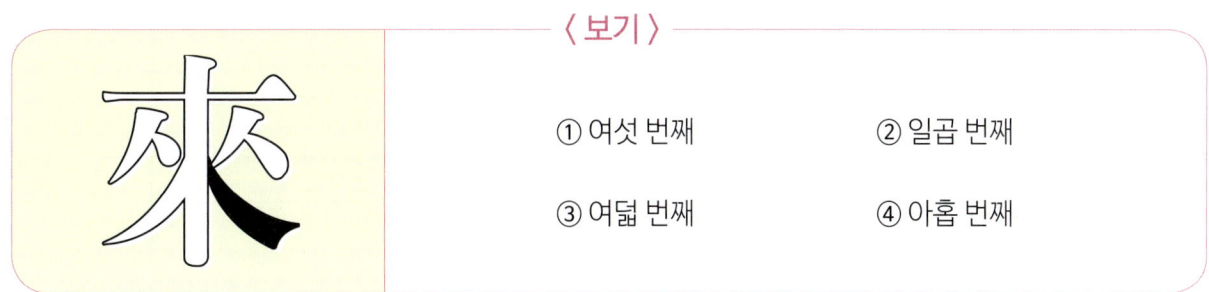

〈 보기 〉

① 여섯 번째　　② 일곱 번째

③ 여덟 번째　　④ 아홉 번째

한자로 배우는 교과서 필수 어휘

뜻: 장차 하고자 하는 일이나 직업에 대한 희망
예문: 민주의 장래 희망은 '파충류 연구가'이다.

뜻: 외국에서 들어온 말로, 국어에서 널리 쓰이는 단어
예문: 외래어는 외국에서 들어온 말로, 버스, 컴퓨터, 피아노 등이 있다.

한자 공부 6일 차 · 33

便
편할 편 / 똥오줌 변

- 뜻 ⋯ 편할/똥오줌
- 소리 ⋯ 편/변
- 부수 ⋯ 人
- 쓰기 순서 ⋯ ノ 亻 仁 仠 仨 佰 伊 便

한자 공부 6일 來 / 便

人(사람 인)과 更(고칠 경)이 결합한 모습으로, 불편한 것(똥오줌)을 고치면 편해진다는 뜻으로 만들어졌습니다. '똥오줌'의 뜻으로 쓰일 때는 '변'으로 읽습니다.

한자를 따라 써 보고, 한자의 뜻에 해당하는 그림을 색칠해 보세요.

便	便	便	便	便	便
편할편/똥오줌변	편할편/똥오줌변	편할편/똥오줌변	편할편/똥오줌변	편할편/똥오줌변	편할편/똥오줌변

공부한 날 ◯월 ◯일

정답 114쪽

급수 시험 예상 문제

1 다음 글의 (　) 안에 있는 한자의 읽는 소리를 쓰세요.

(1) 화장실 (**便**)기는 청소를 자주 해야 한다.

(2) 집 부근에 (**便**)의점이 생겨 군것질을 자주 하게 되었다.

2 다음 밑줄 친 말에 해당하는 한자를 〈보기〉에서 찾아 그 번호를 쓰세요.

〈 보기 〉

①紙　　　②天　　　③便　　　④來

(1) 스마트폰은 전화기와 컴퓨터가 합쳐진 편리한 기계이다.

(2) 소변이 급한 동생은 집에 도착하자 바로 화장실로 달려갔다.

3 다음 한자의 진하게 표시한 획은 몇 번째 쓰는지 〈보기〉에서 찾아 그 번호를 쓰세요.

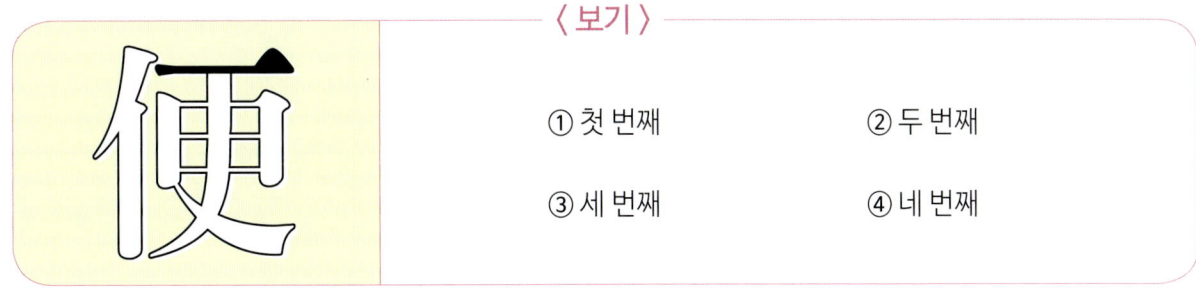

한자로 배우는 교과서 필수 어휘

- 뜻: 편하고 이로우며 이용하기 쉬움.
- 예문: 자동차는 편리하긴 하지만 환경을 오염시키기도 한다.

便	기

- 뜻: 똥이나 오줌을 받아서 보내는 장치
- 예문: 우리 집에서는 아빠가 변기 청소 담당이다.

한자 공부 6일 차 • 35

한자 공부 7일 — 紙 / 天

紙 종이 지

- 뜻 … 종이
- 소리 … 지
- 부수 … 糸
- 쓰기 순서 … ʹ → ㄠ → ㄠ → 幺 → 糸 → 糸 → 紅 → 紅 → 紙 → 紙

糸(가는 실 사)와 氏(성씨 씨)가 결합한 모습입니다. 종이가 발명되기 전에는 천이나 비단에 글을 쓰거나 그림을 그리기도 했기 때문에 지금은 '종이'를 뜻합니다.

한자를 따라 써 보고, 한자의 뜻에 해당하는 그림을 색칠해 보세요.

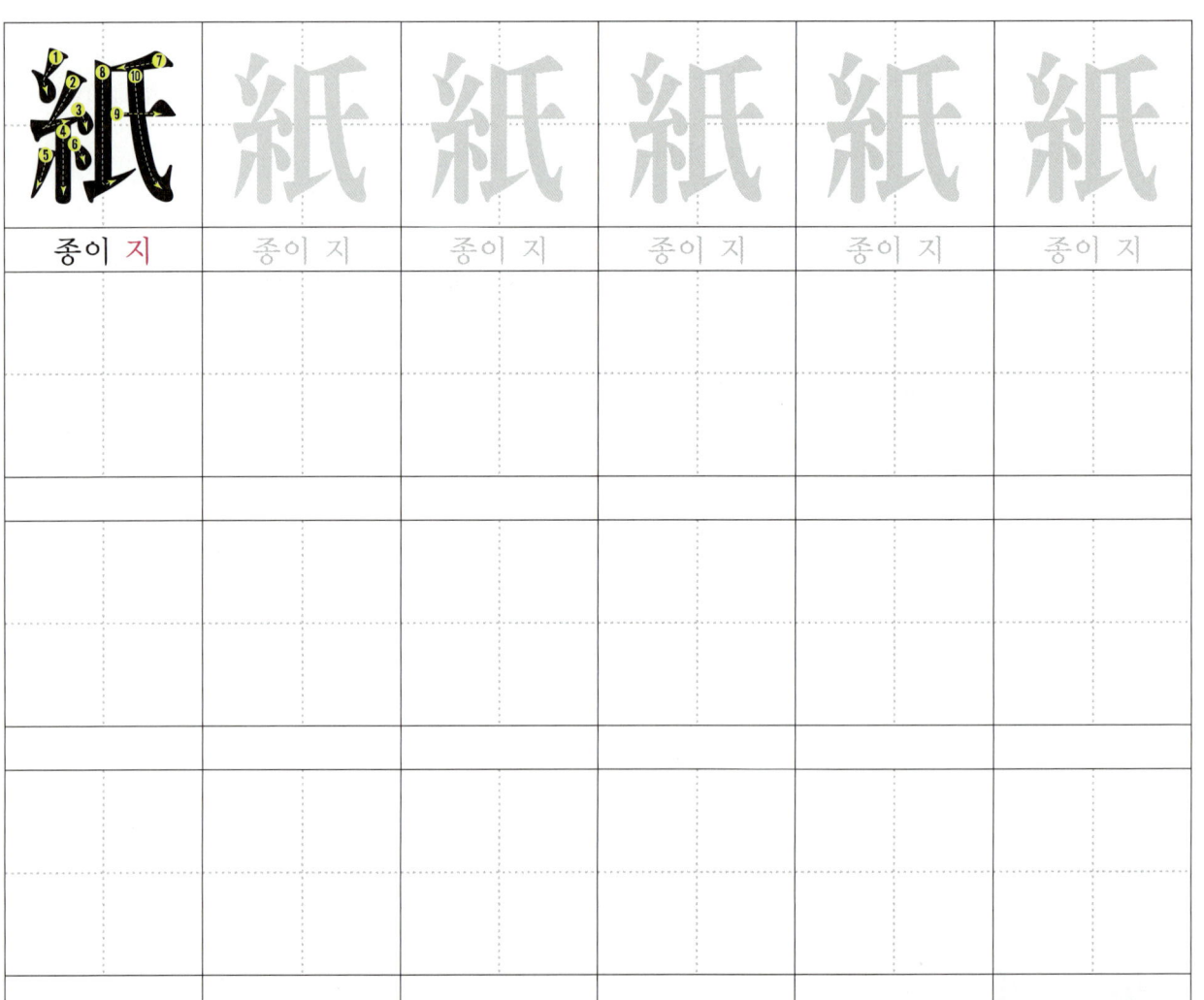

紙	紙	紙	紙	紙	紙
종이 지	종이 지	종이 지	종이 지	종이 지	종이 지

공부한 날 ◯월 ◯일　　　　　　　　　　　　　　　　　　　정답 115쪽

💡 급수 시험 예상 문제

1 다음 글의 ( ) 안에 있는 한자의 읽는 소리를 쓰세요.

(1) 교실 바닥에 떨어진 휴(紙)를 주워 휴(紙)통에 버렸다.

(2) 만 원짜리 (紙)폐에는 세종 대왕이 그려져 있다.

2 다음 밑줄 친 말에 해당하는 한자를 〈보기〉에서 찾아 그 번호를 쓰세요.

〈 보기 〉
①天　　②地　　③便　　④紙

(1) <u>종이</u>는 중국에서 발명되어 전 세계로 퍼졌다.

(2) <u>종이</u> 책이 점차 사라지고 전자책이 나온다.

3 다음 한자의 진하게 표시한 획은 몇 번째 쓰는지 〈보기〉에서 찾아 그 번호를 쓰세요.

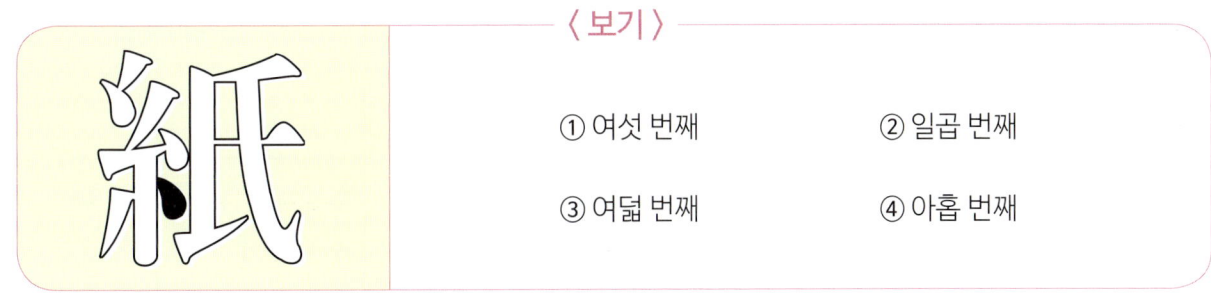

〈 보기 〉
① 여섯 번째　　② 일곱 번째
③ 여덟 번째　　④ 아홉 번째

💡 한자로 배우는 교과서 필수 어휘

| 백 | 紙 |

뜻) 아무것도 적지 않은 비어 있는 종이
예문) 하얀 백지 위에 내가 살고 싶은 집을 그렸다.

| 표 | 紙 |

뜻) 책의 겉장
예문) 책 표지를 보고 책의 내용을 짐작할 수 있다.

天

하늘 천

- 뜻 … 하늘
- 소리 … 천
- 부수 … 大
- 쓰기 순서 … 一 ▸ 二 ▸ 𠂉 ▸ 天

한자 공부 7일
紙 / 天

사람이 서 있는 모양(大)과 그 위로 끝없이 펼쳐져 있는 하늘(一)의 뜻을 합한 글자로, '하늘'을 뜻합니다.

한자를 따라 써 보고, 한자의 뜻에 해당하는 그림을 색칠해 보세요.

天	天	天	天	天	天
하늘 천	하늘 천	하늘 천	하늘 천	하늘 천	하늘 천

급수 시험 예상 문제

1 다음 글의 ( ) 안에 있는 한자의 읽는 소리를 쓰세요.

(1) 그는 (天)재 소리를 들을 정도로 피아노를 잘 친다.

(2) (天)지가 봄꽃으로 가득하다.

2 다음 밑줄 친 말에 해당하는 한자를 〈보기〉에서 찾아 그 번호를 쓰세요.

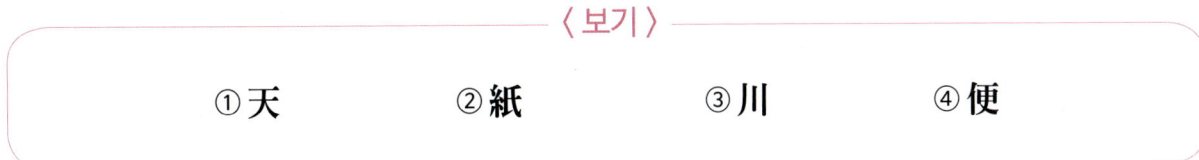

〈보기〉
① 天   ② 紙   ③ 川   ④ 便

(1) 가을 하늘은 맑고 푸르다.

(2) 하늘은 스스로 돕는 자를 돕는다고 한다.

3 다음 한자의 진하게 표시한 획은 몇 번째 쓰는지 〈보기〉에서 찾아 그 번호를 쓰세요.

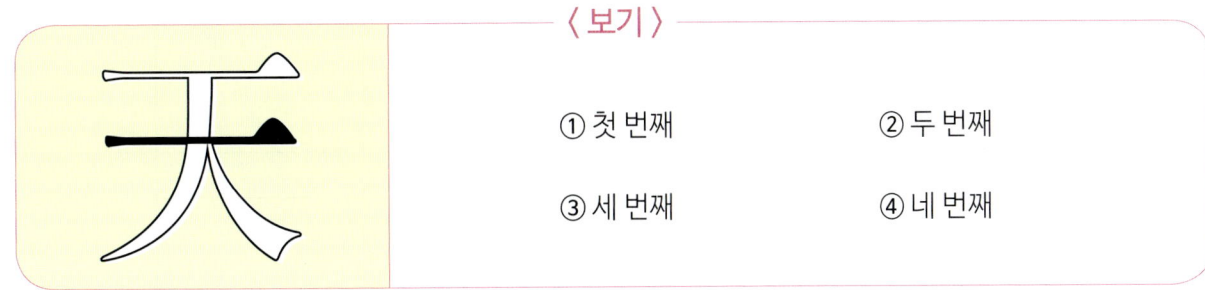

〈보기〉
① 첫 번째   ② 두 번째
③ 세 번째   ④ 네 번째

 한자로 배우는 교과서 필수 어휘

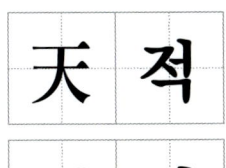

天 적
- 뜻: 잡아먹는 동물을 잡아먹히는 동물에 상대하여 이르는 말
- 예문: 고양이는 쥐의 천적이다.

天 연
- 뜻: 사람의 힘을 가하지 아니한 자연 그대로의 상태
- 예문: 큰 나무를 파먹고 사는 장수하늘소는 천연기념물이다.

地
땅 지

- 뜻 → 땅
- 소리 → 지
- 부수 → 土
- 쓰기 순서 → 一 十 土 圵 地 地

한자 공부 8일
地 / 川

土(흙 토)와 也(잇기 야)가 결합해 흙 위에 뱀이 지나간 자리 또는 물이 흐른 자국이 있는 '땅'을 뜻하고 있습니다.

한자를 따라 써 보고, 한자의 뜻에 해당하는 그림을 색칠해 보세요.

地	地	地	地	地	地
땅 지	땅 지	땅 지	땅 지	땅 지	땅 지

공부한 날 ○월 ○일

정답 115쪽

급수 시험 예상 문제

1 다음 글의 ( ) 안에 있는 한자의 읽는 소리를 쓰세요.

(1) (**地**)도를 보면 우리나라가 어떻게 생겼는지 한눈에 알 수 있다.

(2) 일본은 (**地**)진이 자주 발생하는 나라이다.

2 다음 밑줄 친 말에 해당하는 한자를 〈보기〉에서 찾아 그 번호를 쓰세요.

〈 보기 〉

① 百　　② 地　　③ 天　　④ 川

(1) 비가 온 뒤에 <u>땅</u>이 굳는다는 속담이 있다.

(2) 지하철은 <u>땅</u> 밑에 있는 철도를 달리는 전동차이다.

3 다음 한자의 진하게 표시한 획은 몇 번째 쓰는지 〈보기〉에서 찾아 그 번호를 쓰세요.

〈 보기 〉

① 세 번째　　② 네 번째
③ 다섯 번째　④ 여섯 번째

한자로 배우는 교과서 필수 어휘

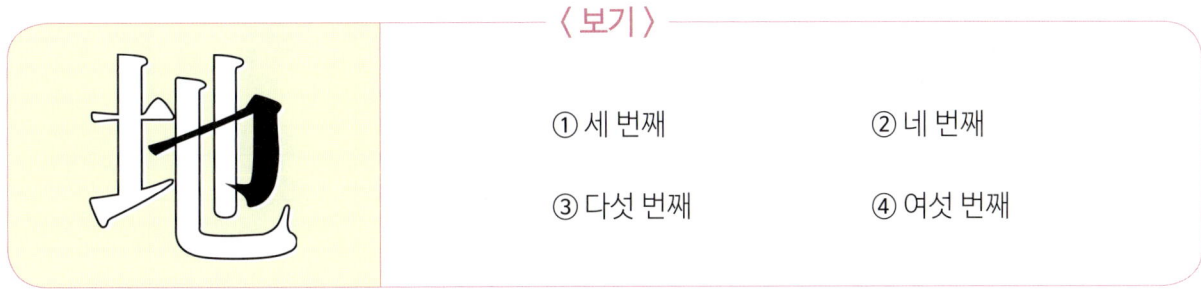

농 地
- 뜻: 농사짓는 데 쓰는 땅
- 예문: 농지가 마구잡이로 개발되어 점차 줄어들고 있다.

중 심 地
- 뜻: 어떤 일이나 활동의 중심이 되는 곳
- 예문: 그 지역은 정치, 경제, 사회 그리고 문화의 중심지이다.

한자 공부 8일 차 · 41

川 내 천

- 뜻 … 내
- 소리 … 천
- 부수 … 巛
- 쓰기 순서 … 丿 ▸ 丿丨 ▸ 川

한자 공부 8일
地 / 川

물이 굽이쳐 흐르는 모습을 형상화한 것으로, 하천을 따라 흐르는 물이 표현되어 있습니다. '내'는 '강보다는 작은 물줄기'를 뜻합니다.

한자를 따라 써 보고, 한자의 뜻에 해당하는 그림을 색칠해 보세요.

川	川	川	川	川	川
내 천	내 천	내 천	내 천	내 천	내 천

공부한 날 ◯ 월 ◯ 일　　　　　　　　　　　　　　　　　　　　　정답 115쪽

 급수 시험 예상 문제

1 다음 글의 (　) 안에 있는 한자의 읽는 소리를 쓰세요.

(1) 많은 비로 우리 동네 하(川)이 범람하였다.

(2) 청계(川)은 서울의 관광 명소가 되었다.

2 다음 밑줄 친 말에 해당하는 한자를 〈보기〉에서 찾아 그 번호를 쓰세요.

〈 보기 〉

① 百　　　② 千　　　③ 川　　　④ 地

(1) 우리는 냇가에서 물장난을 치며 신나게 놀았다.

(2) 공장에서는 나오는 폐수로 하천이 오염되었다.

3 다음 한자의 진하게 표시한 획은 몇 번째 쓰는지 〈보기〉에서 찾아 그 번호를 쓰세요.

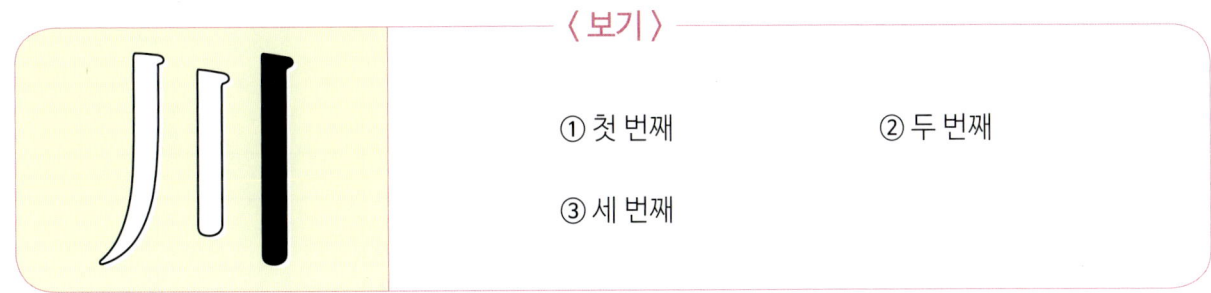

〈 보기 〉

① 첫 번째　　　② 두 번째

③ 세 번째

 한자로 배우는 교과서 필수 어휘

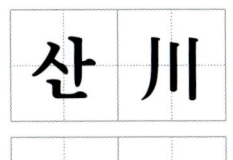

| 산 | 川 |

뜻: '산'과 '내'라는 뜻으로, '자연'을 말함.
예문: 아빠는 어린 시절 산천을 뛰어다니면서 자랐다고 하셨다.

| 인 | 川 |

뜻: 서울의 서쪽에 있는 광역시
예문: 인천 국제공항은 우리나라에서 가장 큰 공항이다.

한자 공부 8일 차 · 43

百

일백 백

- 뜻 … 일백
- 소리 … 백
- 부수 … 白
- 쓰기 순서 … 一 ▸ 丆 ▸ 丆 ▸ 百 ▸ 百 ▸ 百

한자 공부 9일
百 / 千

白(흰 백)과 一(한 일)을 합쳐 만든 글자로, 사람의 머리가 한 번 하얗게 되면 백 살이 되는 것을 의미합니다. '백(100)', '백 번' 외에도 '온갖', '모든'의 뜻도 있습니다.

한자를 따라 써 보고, 한자의 뜻에 해당하는 그림을 색칠해 보세요.

百	百	百	百	百	百
일백 백	일백 백	일백 백	일백 백	일백 백	일백 백

공부한 날 ◯월 ◯일

정답 115쪽

급수 시험 예상 문제

1 다음 글의 ( ) 안에 있는 한자의 읽는 소리를 쓰세요.

(1) 동생의 (百)일을 축하하기 위해 친척들이 오셨다.

(2) (百)과사전에서 내가 좋아하는 동물에 대해 찾아보았다.

2 다음 밑줄 친 말에 해당하는 한자를 〈보기〉에서 찾아 그 번호를 쓰세요.

〈 보기 〉

① 千   ② 重   ③ 川   ④ 百

(1) 모든 물건이 가게에 전시되어 있었다.

(2) 술래는 백 번을 세고서 친구들을 찾으러 나섰다.

3 다음 한자의 진하게 표시한 획은 몇 번째 쓰는지 〈보기〉에서 찾아 그 번호를 쓰세요.

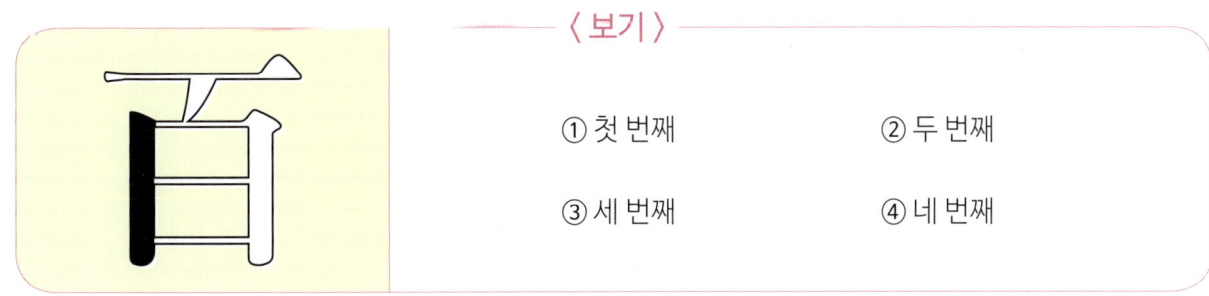

〈 보기 〉

① 첫 번째   ② 두 번째

③ 세 번째   ④ 네 번째

한자로 배우는 교과서 필수 어휘

- 뜻: 백의 여러 배가 되는 수
- 예문: 소정이는 줄넘기를 수백 개 할 수 있다.

- 뜻: 온갖 방법, 여러 방면
- 예문: 그 의사는 환자를 고치려고 백방으로 노력했다.

千

일천 천

- 뜻 … 일천
- 소리 … 천
- 부수 … 十
- 쓰기 순서 … 一 二 千

한자 공부 9일
百 / 千

'천' 단위의 수를 나타낸 것으로, 숫자 1,000을 뜻합니다.

한자를 따라 써 보고, 한자의 뜻에 해당하는 그림을 색칠해 보세요.

千	千	千	千	千	千
일천 천	일천 천	일천 천	일천 천	일천 천	일천 천

46 · 참 쉬운 급수 한자 7급

급수 시험 예상 문제

1 다음 글의 ( ) 안에 있는 한자의 읽는 소리를 쓰세요.

(1) 우리나라를 삼(千)리 금수강산이라고 부른다.

(2) 교통사고가 났지만 (千)만다행으로 다치는 사람은 없었다.

2 다음 밑줄 친 말에 해당하는 한자를 〈보기〉에서 찾아 그 번호를 쓰세요.

〈 보기 〉

① 千　　　② 重　　　③ 文　　　④ 百

(1) 우리 학교의 학생 수는 천 명이 넘는다.

(2) 천 리 길도 한 걸음부터라는 속담이 있다.

3 다음 한자의 진하게 표시한 획은 몇 번째 쓰는지 〈보기〉에서 찾아 그 번호를 쓰세요.

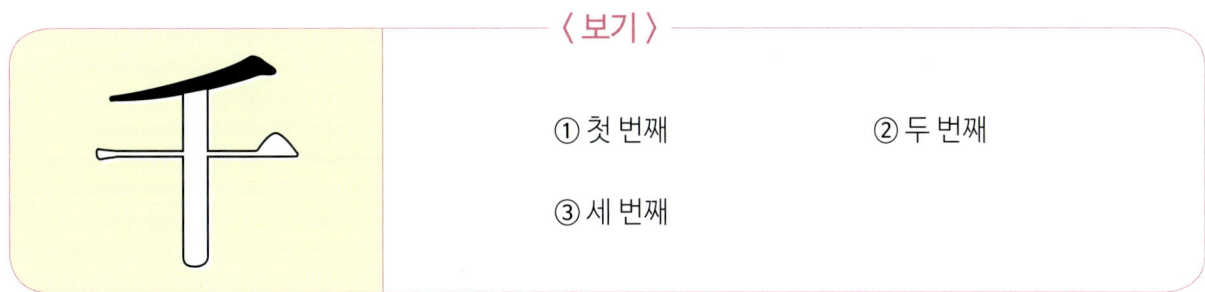

〈 보기 〉

① 첫 번째　　② 두 번째

③ 세 번째

한자로 배우는 교과서 필수 어휘

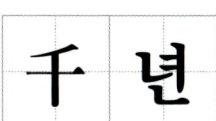

뜻 오랜 세월
예문 경주는 신라 천년의 도읍지이다.

뜻 (옛날에) 한자를 처음 배울 때 쓰던 교과서
예문 옛날 아이들은 한자를 처음 배울 때 천자문으로 공부했다고 한다.

重

무거울 중

- 뜻 ··· 무거울
- 소리 ··· 중
- 부수 ··· 里
- 쓰기 순서 ··· 一 ㄷ 듣 듣 듣 듣 盲 重 重

한자 공부 10일
重 / 文

등에 짐을 지고 있는 모양으로, '무겁다'라는 뜻을 갖게 되었습니다. '소중하다'나 '귀중하다'라는 뜻도 있습니다.

한자를 따라 써 보고, 한자의 뜻에 해당하는 그림을 색칠해 보세요.

重	重	重	重	重	重
무거울 중	무거울 중	무거울 중	무거울 중	무거울 중	무거울 중

공부한 날 ○월 ○일　　　　　　　　　　　　　　　정답 115쪽

💡 급수 시험 예상 문제

1 다음 글의 ( ) 안에 있는 한자의 읽는 소리를 쓰세요.

(1) 나의 체(重)은 30kg이다.

(2) 시험 전날에 (重)요한 내용을 한 번 더 훑어보았다.

2 다음 밑줄 친 말에 해당하는 한자를 〈보기〉에서 찾아 그 번호를 쓰세요.

〈 보기 〉

① 字　　　② 重　　　③ 千　　　④ 文

(1) <u>무거운</u> 짐을 들고 계신 할머니를 도와 드렸다.

(2) 나에게 엄마는 가장 <u>소중한</u> 사람이다.

3 다음 한자의 진하게 표시한 획은 몇 번째 쓰는지 〈보기〉에서 찾아 그 번호를 쓰세요.

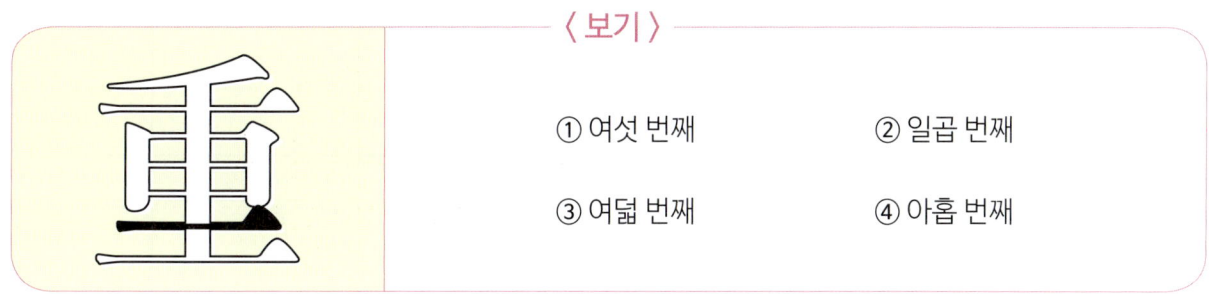

〈 보기 〉

① 여섯 번째　　② 일곱 번째

③ 여덟 번째　　④ 아홉 번째

💡 한자로 배우는 교과서 필수 어휘

| 존 | 重 | |

🔴뜻 높이어 귀중하게 대함.
🔴예문 선생님은 나의 인권을 존중해 주신다.

| 기 | 重 | 기 |

🔴뜻 무거운 물건을 들어 올려 아래위나 수평으로 이동시키는 기계
🔴예문 공사 현장에서는 기중기를 쉽게 볼 수 있다.

한자 공부 10일 차 · 49

文

- 뜻 ⋯ 글월
- 소리 ⋯ 문
- 부수 ⋯ 文
- 쓰기 순서 ⋯ 丶 亠 ㇁ 文

글월 문

한자 공부 10일
重 / 文

사람의 몸에 새긴 문신의 모습에서 글을 새겨 넣은 것과 관련해 글(문장)의 의미를 가진 것으로 '문서', '서적'의 뜻으로도 쓰입니다.

한자를 따라 써 보고, 한자의 뜻에 해당하는 그림을 색칠해 보세요.

文	文	文	文	文	文
글월 문	글월 문	글월 문	글월 문	글월 문	글월 문

공부한 날 ○월 ○일

급수 시험 예상 문제

1 다음 글의 ( ) 안에 있는 한자의 읽는 소리를 쓰세요.

(1) 한국 특유의 천연기념물도 (文)화재로 등록되어 있다.

(2) (文)장 부호에는 물음표, 느낌표, 따옴표 등이 있다.

2 다음 밑줄 친 말에 해당하는 한자를 〈보기〉에서 찾아 그 번호를 쓰세요.

〈 보기 〉

① 旗   ② 有   ③ 文   ④ 重

(1) 윤하는 여행을 다녀와서 그 느낌을 글로 썼다.

(2) 문장과 문장이 모여 하나의 생각을 나타내는 문단을 이룬다.

3 다음 한자의 진하게 표시한 획은 몇 번째 쓰는지 〈보기〉에서 찾아 그 번호를 쓰세요.

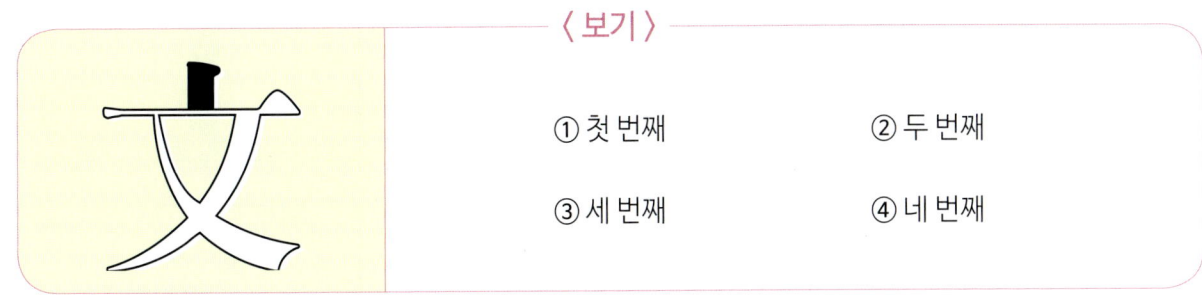

〈 보기 〉

① 첫 번째   ② 두 번째
③ 세 번째   ④ 네 번째

한자로 배우는 교과서 필수 어휘

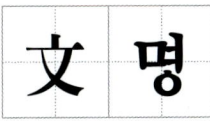

- 뜻: 사람의 사회적·기술적·정신적 생활이 발전한 상태
- 예문: 글자가 발명되면서 문명도 발달되었다.

- 뜻: 어떤 사물이나 현상을 보고 느낀 바를 쓴 글
- 예문: 책을 읽고 감상문을 쓰면 내용을 더 오랫동안 기억할 수 있다.

字

뜻 ⋯ 글자
소리 ⋯ 자
부수 ⋯ 子
쓰기 순서 ⋯ 丶丷宀宁宇字

글자 **자**

한자 공부 11일
字 / 旗

'글자'나 '문자'라는 뜻을 가진 글자입니다. 宀(집 면)과 子(아들 자)가 결합한 모습으로, '문자(文字)'와 관련된 뜻으로 쓰이고 있습니다.

한자를 따라 써 보고, 한자의 뜻에 해당하는 그림을 색칠해 보세요.

字	字	字	字	字	字
글자 자	글자 자	글자 자	글자 자	글자 자	글자 자

급수 시험 예상 문제

1 다음 글의 ( ) 안에 있는 한자의 읽는 소리를 쓰세요.

(1) 눈이 나쁘신 할머니를 위해 큰 글(字)를 보여 드렸다.

(2) (字)전은 한자를 모아 순서대로 늘어놓고 풀이한 책이다.

2 다음 밑줄 친 말에 해당하는 한자를 〈보기〉에서 찾아 그 번호를 쓰세요.

〈 보기 〉

① 重   ② 旗   ③ 住   ④ 字

(1) 구현이는 받아쓰기에서 틀린 글자가 없었다.

(2) 세종 대왕은 한글이라는 문자를 발명하셨다.

3 다음 한자의 진하게 표시한 획은 몇 번째 쓰는지 〈보기〉에서 찾아 그 번호를 쓰세요.

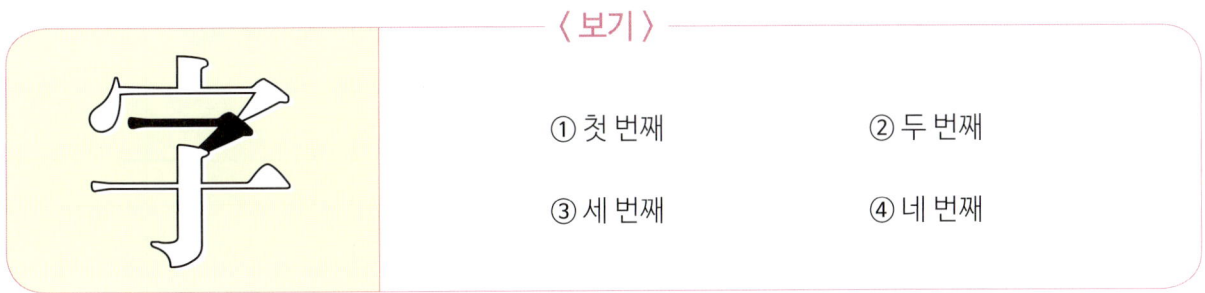

〈 보기 〉

① 첫 번째   ② 두 번째

③ 세 번째   ④ 네 번째

 한자로 배우는 교과서 필수 어휘

| 한 | 字 |

- 뜻: 중국에서 만든 중국 고유의 글자
- 예문: 태경이는 어려서부터 한자를 공부했다.

| 문 | 字 |

- 뜻: 말의 소리나 뜻을 볼 수 있도록 적기 위한 체계적인 부호
- 예문: 친구에게 생일 축하 문자를 받아 기분이 좋다.

한자 공부 11일 차 · 53

旗

기 기

뜻	기
소리	기
부수	方
쓰기 순서	` 亠 方 方 扩 扩 扩 扩 旃 旃 旃 旗 旗 旗

方(모방)+人(사람인)은 깃발이 휘날리는 모양을 나타냅니다.
여기에 其(기)의 소리를 합하여 만든 글자로 **'깃발'**을 뜻합니다.

한자를 따라 써 보고, 한자의 뜻에 해당하는 그림을 색칠해 보세요.

旗	旗	旗	旗	旗	旗
기 기	기 기	기 기	기 기	기 기	기 기

공부한 날 ○월 ○일   정답 115쪽

급수 시험 예상 문제

❶ 다음 글의 ( ) 안에 있는 한자의 읽는 소리를 쓰세요.

(1) 우리나라의 국(**旗**)는 태극(**旗**)이다.

(2) 파란 가을 하늘 아래에 만국(**旗**)가 펄럭인다.

❷ 다음 밑줄 친 말에 해당하는 한자를 〈보기〉에서 찾아 그 번호를 쓰세요.

〈 보기 〉
① 旗   ② 住   ③ 所   ④ 字

(1) 멀리서 바람에 나부끼는 깃발이 보였다.

(2) 학교를 대표하는 깃발을 교기라고 한다.

❸ 다음 한자의 진하게 표시한 획은 몇 번째 쓰는지 〈보기〉에서 찾아 그 번호를 쓰세요.

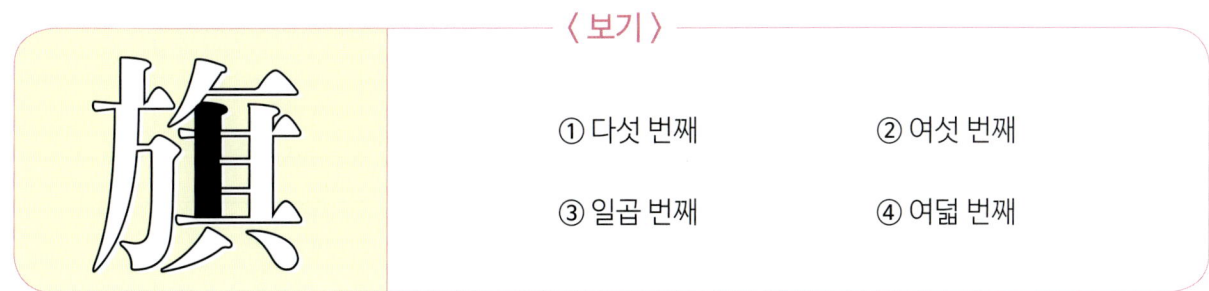

〈 보기 〉
① 다섯 번째   ② 여섯 번째
③ 일곱 번째   ④ 여덟 번째

 ### 한자로 배우는 교과서 필수 어휘

- 뜻: 흰 빛깔의 기 혹은 항복의 표시로 쓰는 흰 기
- 예문: 상대편은 백기를 들고 항복했다.

- 뜻: 여럿이 일정하게 줄을 맞추어 걸을 때 깃발을 들고 있는 사람
- 예문: 우리나라의 올림픽 선수들은 기수를 앞장세우고 입장하였다.

한자 공부 11일 차 · 55

한자 공부 12일 — 住 / 所

住
살 주

- 뜻 → 살
- 소리 → 주
- 부수 → 人
- 쓰기 순서 → 丿 亻 亻 仁 仵 住 住

人(사람 인)과 主(주인 주)가 결합한 모습으로, '살다', '머무르다'라는 뜻을 갖고 있습니다.

한자를 따라 써 보고, 한자의 뜻에 해당하는 그림을 색칠해 보세요.

住	住	住	住	住	住
살 주	살 주	살 주	살 주	살 주	살 주

공부한 날 ● 월 ● 일

정답 115쪽

💡 급수 시험 예상 문제

1 다음 글의 ( ) 안에 있는 한자의 읽는 소리를 쓰세요.

(1) (住)소를 기준으로 입학할 초등학교가 정해진다.

(2) 새 아파트에 입(住)가 시작되면서 교통이 혼잡해졌다.

2 다음 밑줄 친 말에 해당하는 한자를 〈보기〉에서 찾아 그 번호를 쓰세요.

〈보기〉
① 旗　　② 住　　③ 命　　④ 所

(1) 이 동네에 산 지도 벌써 10년이 지났다.

(2) 한 동네에 오래 거주하다 보면 다른 곳으로 이사 가고 싶어진다.

3 다음 한자의 진하게 표시한 획은 몇 번째 쓰는지 〈보기〉에서 찾아 그 번호를 쓰세요.

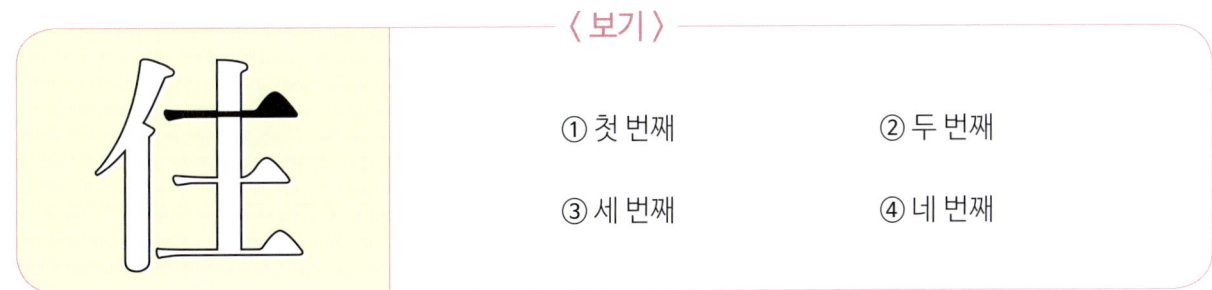

〈보기〉
① 첫 번째　　② 두 번째
③ 세 번째　　④ 네 번째

💡 한자로 배우는 교과서 필수 어휘

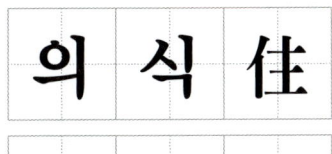

- 뜻) 옷과 음식과 집을 통틀어 이르는 말. 인간 생활의 세 가지 기본 요소
- 예문) 옛날과 오늘의 의식주는 많이 다르다.

원 住 민

- 뜻) 그 지역에 본디부터 살고 있는 사람들
- 예문) 인디언은 미국 땅의 원주민이다.

한자 공부 12일 차 • 57

所
바 소

- 뜻 ⇢ 바
- 소리 ⇢ 소
- 부수 ⇢ 戶
- 쓰기 순서 ⇢ ᅩ → ᅩ → ᅩ → 戶 → 所 → 所 → 所 → 所

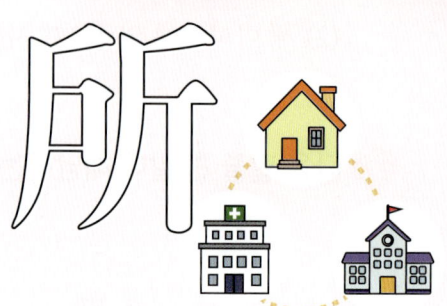

한자 공부 12일
住 / 所

'바'는 '일의 방법이나 방도'의 뜻입니다. 그리고 '곳', '장소'의 뜻도 있습니다.

한자를 따라 써 보고, 한자의 뜻에 해당하는 그림을 색칠해 보세요.

급수 시험 예상 문제

1 다음 글의 ( ) 안에 있는 한자의 읽는 소리를 쓰세요.

(1) 차가 막혀 약속 장(所)에 늦게 도착했다.

(2) 태경이는 (所)문난 수학 영재이다.

2 다음 밑줄 친 말에 해당하는 한자를 〈보기〉에서 찾아 그 번호를 쓰세요.

〈 보기 〉

① 花   ② 住   ③ 所   ④ 命

(1) 자전거는 정해진 곳에서 타야 한다.

(2) 갑작스러운 선생님의 질문에 어찌할 바를 몰랐다.

3 다음 한자의 진하게 표시한 획은 몇 번째 쓰는지 〈보기〉에서 찾아 그 번호를 쓰세요.

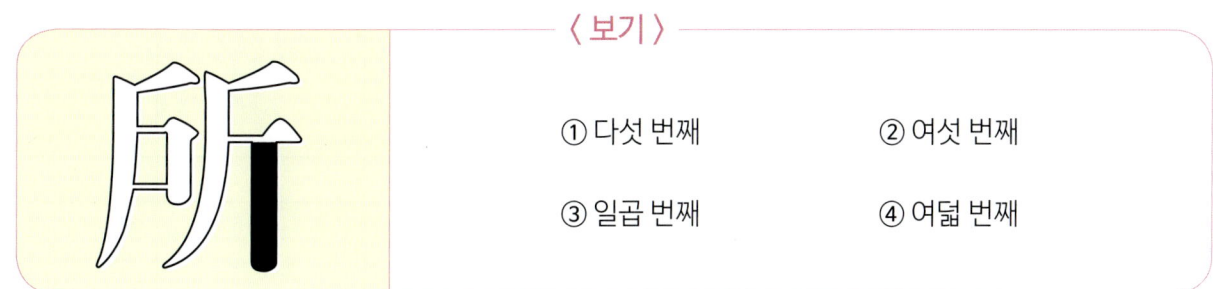

〈 보기 〉

① 다섯 번째   ② 여섯 번째

③ 일곱 번째   ④ 여덟 번째

 한자로 배우는 교과서 필수 어휘

| 所 | 원 |

뜻: 이루어지기를 바라는 일
예문: 내 소원은 우리 가족이 건강하게 사는 것이다.

| 所 | 유 |

뜻: 가지고 있음. 또는 그 물건
예문: 김 작가님은 풍부한 감성을 소유하고 있다.

命 목숨 명

- 뜻 … 목숨
- 소리 … 명
- 부수 … 口
- 쓰기 순서 … ノ → 人 → 亼 → 今 → 仒 → 命 → 命 → 命

한자 공부 13일
命 / 花

口(입 구)와 令(하여금 령)을 합친 글자입니다. 임금의 입에 백성의 목숨이 달려 있다는 의미로, '목숨', '명령'이라는 뜻입니다.

한자를 따라 써 보고, 한자의 뜻에 해당하는 그림을 색칠해 보세요.

命	命	命	命	命	命
목숨 명	목숨 명	목숨 명	목숨 명	목숨 명	목숨 명

공부한 날 ○월 ○일　　　　　　　　　　　　　　　　정답 116쪽

급수 시험 예상 문제

1 다음 글의 ( ) 안에 있는 한자의 읽는 소리를 쓰세요.

(1) 의술이 발달하면서 사람의 수(命)은 길어졌다.

(2) 삼촌은 교통사고를 당했지만 생(命)에는 지장이 없다고 한다.

2 다음 밑줄 친 말에 해당하는 한자를 〈보기〉에서 찾아 그 번호를 쓰세요.

〈 보기 〉
① 所　　　② 草　　　③ 花　　　④ 命

(1) 하찮은 벌레라도 <u>목숨</u>은 소중하다.

(2) 군대에서는 상관의 <u>명령</u>에 복종해야 한다.

3 다음 한자의 진하게 표시한 획은 몇 번째 쓰는지 〈보기〉에서 찾아 그 번호를 쓰세요.

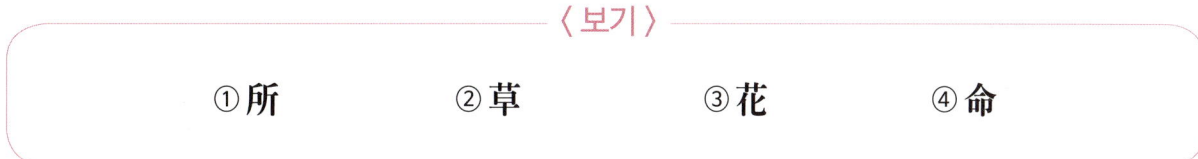

〈 보기 〉
① 첫 번째　　② 두 번째
③ 세 번째　　④ 네 번째

한자로 배우는 교과서 필수 어휘

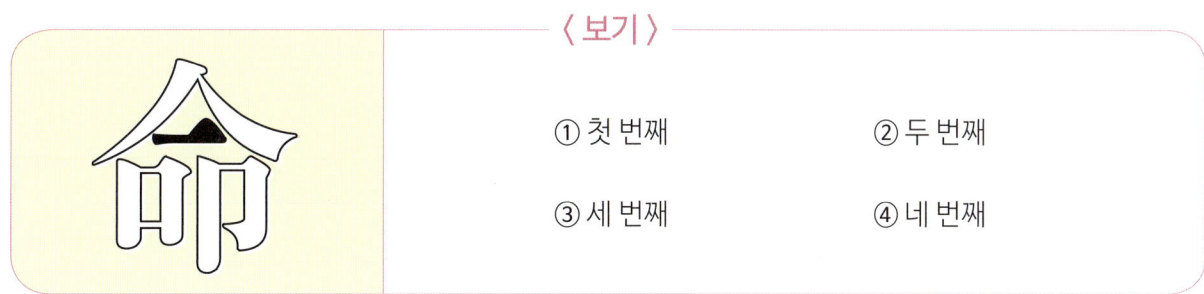

| 구 | 命 |

뜻: 사람의 목숨을 구함.
예문: 배를 탈 때는 반드시 구명조끼를 입어야 한다.

| 사 | 命 |

뜻: 맡겨진 임무
예문: 이순신은 왜군을 물리쳐야 한다는 역사적 사명을 훌륭히 수행했다.

花
꽃 화

- 뜻 … 꽃
- 소리 … 화
- 부수 … 艸
- 쓰기 순서 … 一 ㅏ ㅗ ㅛ 艹 花 花 花

한자 공부 13일
命 / 花

艹(풀 초)와 化(될 화)가 결합한 모습입니다. 땅속에 뿌리를 박고 꽃을 피운 모습을 그렸습니다.

한자를 따라 써 보고, 한자의 뜻에 해당하는 그림을 색칠해 보세요.

花	花	花	花	花	花
꽃 화	꽃 화	꽃 화	꽃 화	꽃 화	꽃 화

62 · 참 쉬운 급수 한자 7급

공부한 날 ◯월 ◯일   정답 116쪽

 급수 시험 예상 문제

1 다음 글의 ( ) 안에 있는 한자의 읽는 소리를 쓰세요.

(1) 우리나라를 대표하는 꽃은 무궁(花)이다.

(2) (花)단의 꽃을 보호하자.

2 다음 밑줄 친 말에 해당하는 한자를 〈보기〉에서 찾아 그 번호를 쓰세요.

〈 보기 〉

① 花   ② 育   ③ 草   ④ 命

(1) 아름다운 꽃을 보면 마음도 아름다워지는 것 같다.

(2) 추위가 계속되면서 꽃이 피는 시기가 늦추어졌다.

3 다음 한자의 진하게 표시한 획은 몇 번째 쓰는지 〈보기〉에서 찾아 그 번호를 쓰세요.

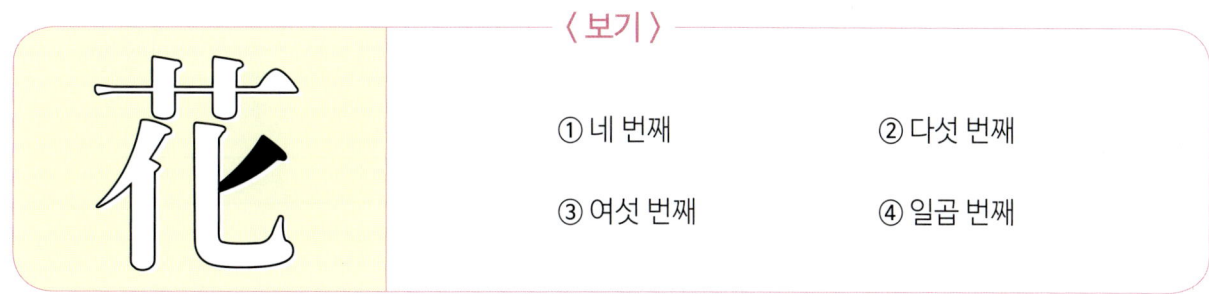

〈 보기 〉

① 네 번째   ② 다섯 번째

③ 여섯 번째   ④ 일곱 번째

 한자로 배우는 교과서 필수 어휘

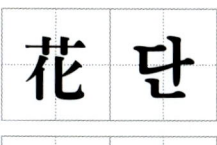

- 뜻: 꽃을 심기 위하여 꾸며 놓은 꽃밭
- 예문: 건물 입구에는 알록달록 예쁘게 꽃 핀 화단이 있다.

- 뜻: 꽃이 피는 풀이나 작은 나무
- 예문: 학교에 일찍 등교하여 화초에 물을 주었다.

한자 공부 13일 차 • 63

草

뜻 → 풀
소리 → 초
부수 → 艹
쓰기 순서 → 一 ㅗ ㅗ 丱 丱 芇 芇 苩 苩 草

풀 초

한자 공부 14일
草 / 育

艹(풀 초)와 무(일찍 조)가 결합한 모습으로, '풀'을 뜻합니다.

한자를 따라 써 보고, 한자의 뜻에 해당하는 그림을 색칠해 보세요.

공부한 날 ●월 ●일

정답 116쪽

급수 시험 예상 문제

1 다음 글의 ( ) 안에 있는 한자의 읽는 소리를 쓰세요.

(1) 코끼리와 사슴은 (草)식 동물이다.

(2) 어항에는 물고기와 수(草)가 자란다.

2 다음 밑줄 친 말에 해당하는 한자를 〈보기〉에서 찾아 그 번호를 쓰세요.

〈 보기 〉

① 算　　　② 草　　　③ 花　　　④ 育

(1) 겨울보다 여름에 풀이 무성하다.

(2) 소가 한가로이 풀을 뜯고 있다.

3 다음 한자의 진하게 표시한 획은 몇 번째 쓰는지 〈보기〉에서 찾아 그 번호를 쓰세요.

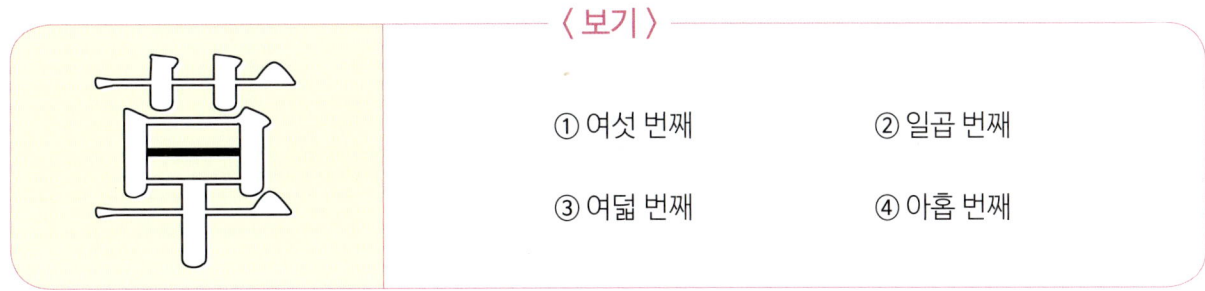

〈 보기 〉

① 여섯 번째　　② 일곱 번째

③ 여덟 번째　　④ 아홉 번째

한자로 배우는 교과서 필수 어휘

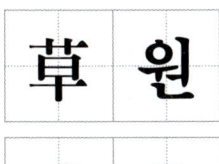

- 뜻: 풀이 나 있는 들판
- 예문: 넓게 펼쳐진 초원을 보면 가슴이 활짝 열리는 기분이다.

- 뜻: 가꾸지 않아도 저절로 나서 자라는 여러 가지 풀
- 예문: 잡초는 농작물에 피해를 준다.

한자 공부 14일 차 · 65

育

기를 육

- 뜻 ⋯→ 기를
- 소리 ⋯→ 육
- 부수 ⋯→ 肉
- 쓰기 순서 ⋯→ 亠 云 产 育 育 育

한자 공부 14일
草 / 育

'아이를 보살펴 키우다' 또는 '사람을 가르쳐 키우다'를 뜻합니다.

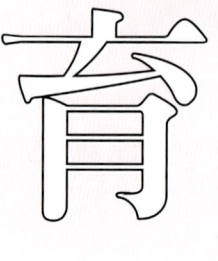

한자를 따라 써 보고, 한자의 뜻에 해당하는 그림을 색칠해 보세요.

育	育	育	育	育	育
기를 육	기를 육	기를 육	기를 육	기를 육	기를 육

공부한 날 ◯월 ◯일

정답 116쪽

💡 급수 시험 예상 문제

❶ 다음 글의 ( ) 안에 있는 한자의 읽는 소리를 쓰세요.

(1) 우리는 체(育) 시간에 운동장을 열심히 뛰었다.

(2) 학교에서는 매년 학교 폭력 예방 교(育)을 실시한다.

❷ 다음 밑줄 친 말에 해당하는 한자를 〈보기〉에서 찾아 그 번호를 쓰세요.

〈 보기 〉

① 數   ② 算   ③ 育   ④ 草

(1) 우리 가족은 강아지를 <u>기르고</u> 있다.

(2) 쌍둥이 동생을 <u>키우신다고</u> 고생이 많으시다.

❸ 다음 한자의 진하게 표시한 획은 몇 번째 쓰는지 〈보기〉에서 찾아 그 번호를 쓰세요.

育

〈 보기 〉

① 세 번째   ② 네 번째

③ 다섯 번째   ④ 여섯 번째

💡 한자로 배우는 교과서 필수 어휘

| 양 | 育 |

뜻: 아이를 보살펴서 자라게 함.
예문: 아기의 양육을 온 가족이 함께했다.

| 교 | 育 | 열 |

뜻: 교육에 대한 열성
예문: 대한민국은 교육열이 높다고 알려졌다.

한자 공부 14일 차 • 67

한자 공부 15일 算 / 數

算 셈 산

- 뜻 … 셈
- 소리 … 산
- 부수 … 竹
- 쓰기 순서 … 一 ケ ケ ベ ベ ベ ベ ベ ベ ベ ベ ベ ベ ベ ベ ベ

'셈'은 '수를 세는 일' 또는 '수를 따져 얼마인가를 세어 맞추는 일'을 뜻합니다.

한자를 따라 써 보고, 한자의 뜻에 해당하는 그림을 색칠해 보세요.

算	算	算	算	算	算
셈 산	셈 산	셈 산	셈 산	셈 산	셈 산

 공부한 날 ● 월 ● 일

정답 116쪽

💡 급수 시험 예상 문제

1 다음 글의 ( ) 안에 있는 한자의 읽는 소리를 쓰세요.

(1) 계(算)기가 있어 쉽게 연산 문제를 풀 수 있다.

(2) 1등을 정하기 위해서는 모든 과목의 점수를 합(算)해야 한다.

2 다음 밑줄 친 말에 해당하는 한자를 〈보기〉에서 찾아 그 번호를 쓰세요.

〈 보기 〉

① 有   ② 休   ③ 育   ④ 算

(1) 서원이는 동생에게 <u>수를 세는</u> 방법을 가르쳤다.

(2) 선생님은 나의 <u>셈</u>이 정확하다고 칭찬해 주셨다.

3 다음 한자의 진하게 표시한 획은 몇 번째 쓰는지 〈보기〉에서 찾아 그 번호를 쓰세요.

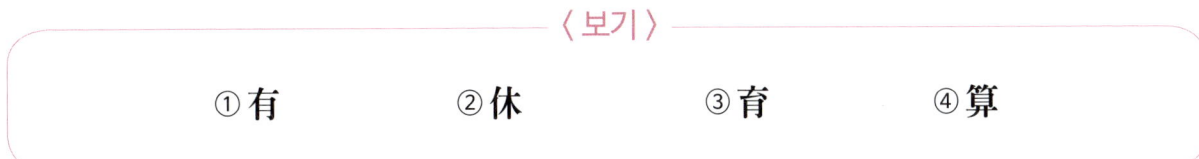

〈 보기 〉

① 첫 번째   ② 두 번째
③ 세 번째   ④ 네 번째

💡 한자로 배우는 교과서 필수 어휘

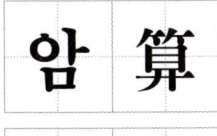
- 뜻: 쓰거나 계산기를 사용하지 않고 머릿속으로 하는 계산
- 예문: 수학 시간에 친구는 계산 문제를 암산으로 푼다.

- 뜻: 더하기, 빼기, 곱하기, 나누기 등을 다루는 초보적인 수학
- 예문: 어머니는 초등학교 때 산수를 배웠다고 하셨다.

數

뜻 … 셈
소리 … 수
부수 … 攵
쓰기 순서 … 丨→冂→円→甲→串→昌→吕→曲→曳→婁→婁→婁→數→數→數

셈 수

한자 공부 15일
算 / 數

'수를 세는 일' 또는 '수를 따져 얼마인가를 세어 맞추는 일'을 뜻합니다.

한자를 따라 써 보고, 한자의 뜻에 해당하는 그림을 색칠해 보세요.

數	數	數	數	數	數
셈 수	셈 수	셈 수	셈 수	셈 수	셈 수

 공부한 날 ○월 ○일

정답 116쪽

💡 급수 시험 예상 문제

1 다음 글의 ( ) 안에 있는 한자의 읽는 소리를 쓰세요.

(1) 과녁 맞추기에서 제일 가운데를 맞추어 높은 점(**數**)를 얻었다.

(2) 내가 가장 좋아하는 과목은 (**數**)학이다.

2 다음 밑줄 친 말에 해당하는 한자를 〈보기〉에서 찾아 그 번호를 쓰세요.

〈 보기 〉
① 數　　② 口　　③ 休　　④ 花

(1) 그 공연을 보기 위해 셀 수 없는 사람들이 몰렸다.

(2) 수에 관한 학문을 수학이라고 한다.

3 다음 한자의 진하게 표시한 획은 몇 번째 쓰는지 〈보기〉에서 찾아 그 번호를 쓰세요.

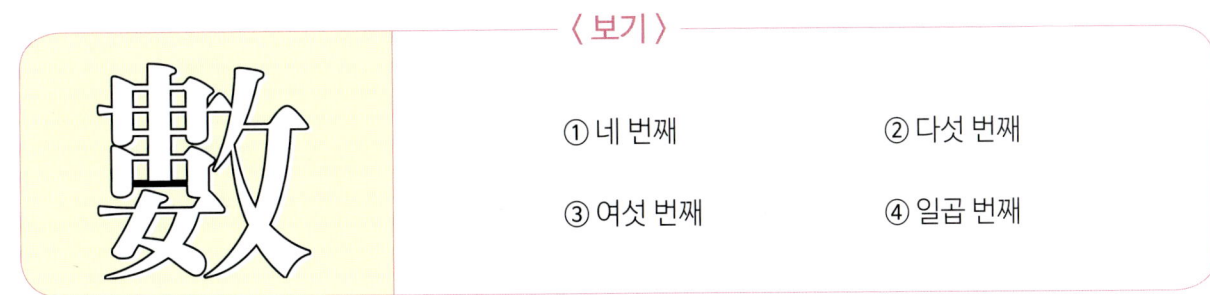

〈 보기 〉
① 네 번째　　② 다섯 번째
③ 여섯 번째　　④ 일곱 번째

💡 한자로 배우는 교과서 필수 어휘

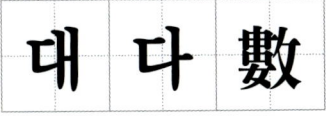

- 뜻: 거의 모두 다
- 예문: 대다수의 사람들이 그 친구를 좋아한다.

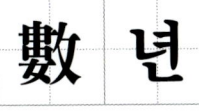

- 뜻: (아주 많지 않은) 여러 해
- 예문: 수년간 배운 태권도 실력을 친구들에게 보여 줄 수 있어 기뻤다.

한자 공부 15일 차 • 71

한자 공부 16일
休 / 口

休
쉴 휴

- 뜻 … 쉴
- 소리 … 휴
- 부수 … 人
- 쓰기 순서 … ノ · 亻 · 仁 · 什 · 仆 · 休

人(사람 인)과 木(나무 목)이 결합한 모습입니다. 木에 人이 더해진 休는 사람이 나무에 기대어, '쉬고 있는 모습'을 표현한 것입니다.

한자를 따라 써 보고, 한자의 뜻에 해당하는 그림을 색칠해 보세요.

休	休	休	休	休	休
쉴 **휴**	쉴 휴	쉴 휴	쉴 휴	쉴 휴	쉴 휴

공부한 날 ◯월 ◯일

정답 116쪽

💡 급수 시험 예상 문제

1 다음 글의 ( ) 안에 있는 한자의 읽는 소리를 쓰세요.

(1) 고속 도로 (休)게소에 들러 간식을 먹으면서 (休)식을 취했다.

(2) 우리 가족은 (休)일이면 공원에서 자전거를 탄다.

2 다음 밑줄 친 말에 해당하는 한자를 〈보기〉에서 찾아 그 번호를 쓰세요.

〈보기〉

① 心   ② 休   ③ 數   ④ 口

(1) 초등학교는 40분간 공부를 하고 10분간 <u>쉬는</u> 시간을 갖는다.

(2) 이 공원은 도심의 <u>휴식</u>처로 인기가 높다.

3 다음 한자의 진하게 표시한 획은 몇 번째 쓰는지 〈보기〉에서 찾아 그 번호를 쓰세요.

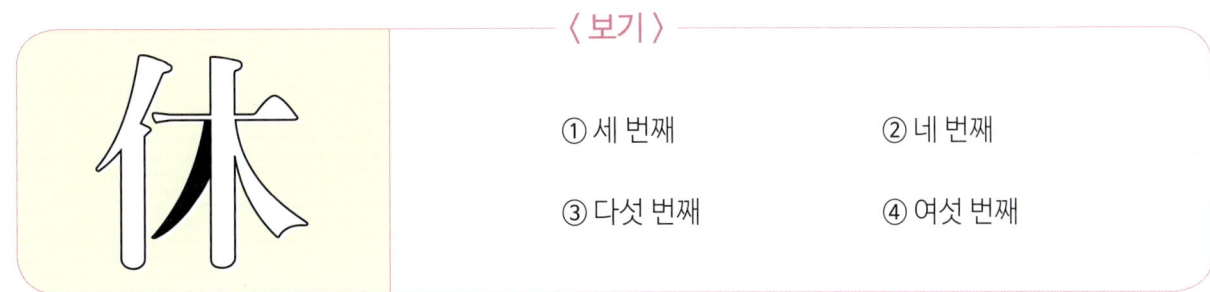

〈보기〉

① 세 번째   ② 네 번째
③ 다섯 번째 ④ 여섯 번째

한자로 배우는 교과서 필수 어휘

- 뜻) 직장에서 일정한 기간 동안 일하지 않고 쉬는 것, 또는 그 기간
- 예문) 군대에 간 형이 휴가를 받아 집으로 왔다.

- 뜻) 병원이나 의사가 얼마 동안 진료를 하지 않고 쉬는 것
- 예문) 휴가철이라 동네 병원은 휴진을 알렸다.

한자 공부 16일 차 · 73

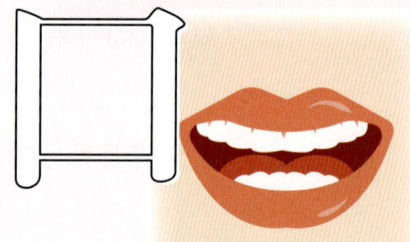

한자 공부 16일
休 / 口

口
입 구

- 뜻 ⋯ 입
- 소리 ⋯ 구
- 부수 ⋯ 口
- 쓰기 순서 ⋯ 丨 ▸ 冂 ▸ 口

입 모양을 따라 만든 글자로, '입' 외에도 '입구', '인구'라는 의미도 있습니다.

한자를 따라 써 보고, 한자의 뜻에 해당하는 그림을 색칠해 보세요.

口	口	口	口	口	口
입 구	입구	입구	입구	입구	입구

공부한 날 ○월 ○일
정답 116쪽

급수 시험 예상 문제

1 다음 글의 ( ) 안에 있는 한자의 읽는 소리를 쓰세요.

(1) 부산은 우리나라에서 가장 큰 항(口) 도시이다.

(2) 영화 상영이 끝나자 출(口)가 복잡해졌다.

2 다음 밑줄 친 말에 해당하는 한자를 〈보기〉에서 찾아 그 번호를 쓰세요.

〈 보기 〉
① 間　　　② 心　　　③ 口　　　④ 休

(1) 음식을 보자 저절로 입안에서 군침이 돌았다.

(2) 백설 공주는 사과를 한 입 베어 먹었다.

3 다음 한자의 진하게 표시한 획은 몇 번째 쓰는지 〈보기〉에서 찾아 그 번호를 쓰세요.

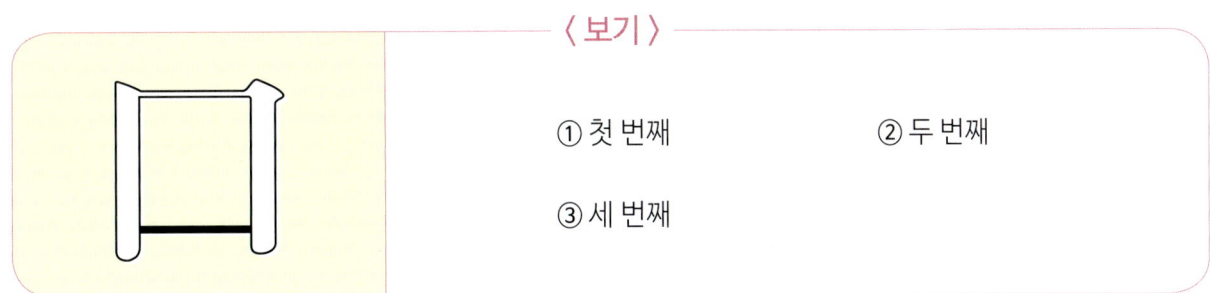

〈 보기 〉
① 첫 번째　　② 두 번째
③ 세 번째

한자로 배우는 교과서 필수 어휘

뜻: 귀·눈·입·코를 아울러 이르는 말
예문: 잘생긴 사람은 이목구비가 또렷하다.

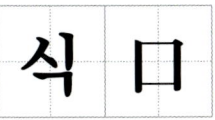

뜻: 한 집에서 함께 살면서 끼니를 같이하는 사람
예문: 서원이네 식구는 모두 네 명입니다.

한자 공부 16일 차 · 75

한자 공부 17일 心 / 間

心 마음 심

- 뜻 … 마음
- 소리 … 심
- 부수 … 心
- 쓰기 순서 … ノ → 心 → 心 → 心

'마음'이나 '생각', '심장', '중앙'이라는 뜻을 가진 글자로, 사람이나 동물의 심장을 그린 것입니다.

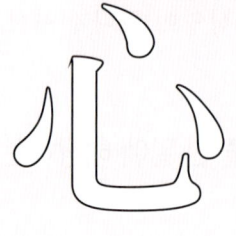

한자를 따라 써 보고, 한자의 뜻에 해당하는 그림을 색칠해 보세요.

心	心	心	心	心	心
마음 심	마음 심	마음 심	마음 심	마음 심	마음 심

공부한 날 ○월 ○일

정답 116쪽

급수 시험 예상 문제

1 다음 글의 ( ) 안에 있는 한자의 읽는 소리를 쓰세요.

(1) 평균대 위에서는 좌우 중(心)을 잘 잡아야 한다.

(2) 양(心)을 속이면 자신을 속이는 것이다.

2 다음 밑줄 친 말에 해당하는 한자를 〈보기〉에서 찾아 그 번호를 쓰세요.

〈 보기 〉
① 問   ② 邑   ③ 口   ④ 心

(1) 예슬이는 겉모습과 마음이 모두 예쁘다.

(2) 시간을 아껴 써야겠다고 마음먹었다.

3 다음 한자의 진하게 표시한 획은 몇 번째 쓰는지 〈보기〉에서 찾아 그 번호를 쓰세요.

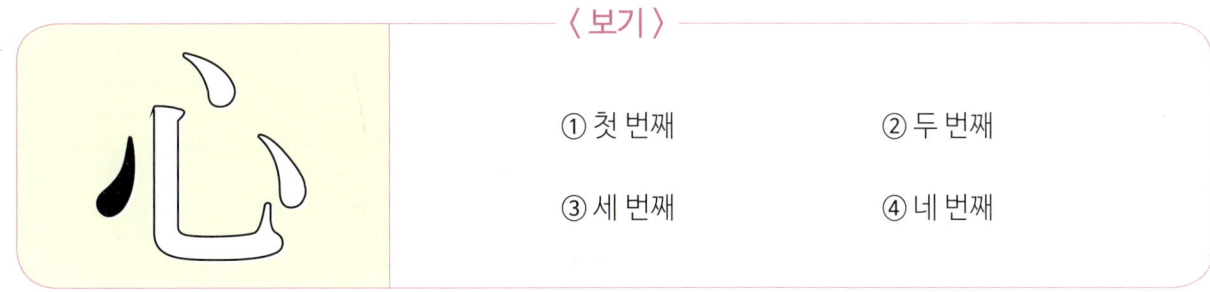
〈 보기 〉
① 첫 번째   ② 두 번째
③ 세 번째   ④ 네 번째

한자로 배우는 교과서 필수 어휘

- 뜻: 새롭고 신기한 것을 좋아하거나 모르는 것을 알고 싶어 하는 마음
- 예문: 수아는 호기심이 가득 찬 눈빛으로 쳐다보았다.

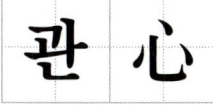
- 뜻: 어떤 것에 마음이 끌려 주의를 기울임. 또는 그런 마음이나 주의
- 예문: 서영이는 미술에 관심이 많아 화가가 꿈이다.

한자 공부 17일 차 • 77

問

물을 문

- 뜻 … 물을
- 소리 … 문
- 부수 … 口
- 쓰기 순서 … 丨▸冂▸冂▸冂▸冂▸門▸門▸門▸門▸問▸問

한자 공부 17일 心 / 問

口(입 구)와 門(문 문)의 소리와 뜻으로 이루어진 글자입니다.
문에서 안부를 묻는다는 것으로, '묻다'를 뜻합니다.

한자를 따라 써 보고, 한자의 뜻에 해당하는 그림을 색칠해 보세요.

問	問	問	問	問	問
물을 문	물을 문	물을 문	물을 문	물을 문	물을 문

공부한 날 ○월 ○일　　　　　　　　　　　　　　　　　정답 116쪽

💡 급수 시험 예상 문제

1 다음 글의 ( ) 안에 있는 한자의 읽는 소리를 쓰세요.

(1) 구현이는 선생님께 궁금한 점을 질(問)하였다.

(2) 매일 한자 (問)제를 푸는 것은 한자를 익히는 지름길이다.

2 다음 밑줄 친 말에 해당하는 한자를 〈보기〉에서 찾아 그 번호를 쓰세요.

〈 보기 〉

① 問　　　② 面　　　③ 邑　　　④ 心

(1) 길을 잃은 우리는 주위 사람에게 물어보기로 했다.

(2) 다음 글을 읽고 물음에 답하시오.

3 다음 한자의 진하게 표시한 획은 몇 번째 쓰는지 〈보기〉에서 찾아 그 번호를 쓰세요.

〈 보기 〉

① 여덟 번째　　② 아홉 번째

③ 열 번째　　　④ 열한 번째

💡 한자로 배우는 교과서 필수 어휘

의	問

- 뜻: 이상하거나 수상하여 사실이나 진실을 알고 싶은 것
- 예문: 그 사건은 수많은 의문이 생긴다.

問	안

- 뜻: 웃어른께 안녕하신지를 묻고 인사를 드리는 것
- 예문: 윤하는 오랜만에 만난 할머니께 문안 인사를 드렸다.

한자 공부 17일 차 • 79

한자 공부 18일
邑 / 面

邑
고을 읍

- 뜻 … 고을
- 소리 … 읍
- 부수 … 邑
- 쓰기 순서 … 丨, 口, 口, 吕, 吕, 邑

'성안에 사람들이 모여 살고 있다'는 뜻으로, '고을'을 의미합니다.

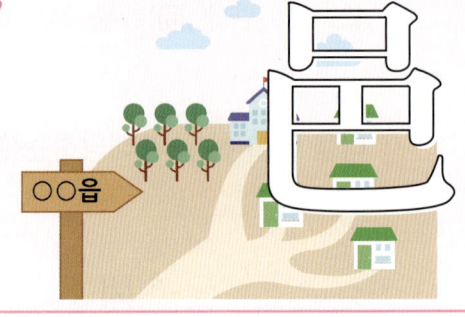

한자를 따라 써 보고, 한자의 뜻에 해당하는 그림을 색칠해 보세요.

邑	邑	邑	邑	邑	邑
고을 읍	고을 읍	고을 읍	고을 읍	고을 읍	고을 읍

80 · 참 쉬운 급수 한자 7급

공부한 날 ◯월 ◯일

정답 116쪽

급수 시험 예상 문제

1 다음 글의 ( ) 안에 있는 한자의 읽는 소리를 쓰세요.

(1) 조선을 세운 이성계는 한양을 도(**邑**)지로 정했다.

(2) 장날에는 할머니와 같이 (**邑**)내에 가곤 하였다.

2 다음 밑줄 친 말에 해당하는 한자를 〈보기〉에서 찾아 그 번호를 쓰세요.

〈 보기 〉

① 夫   ② 邑   ③ 面   ④ 問

(1) 옛날 어느 <u>고을</u>에 마음씨 착한 선비가 살았다.

(2) 시골에서는 명절이 되면 <u>마을</u>마다 줄다리기 대회가 열렸다.

3 다음 한자의 진하게 표시한 획은 몇 번째 쓰는지 〈보기〉에서 찾아 그 번호를 쓰세요.

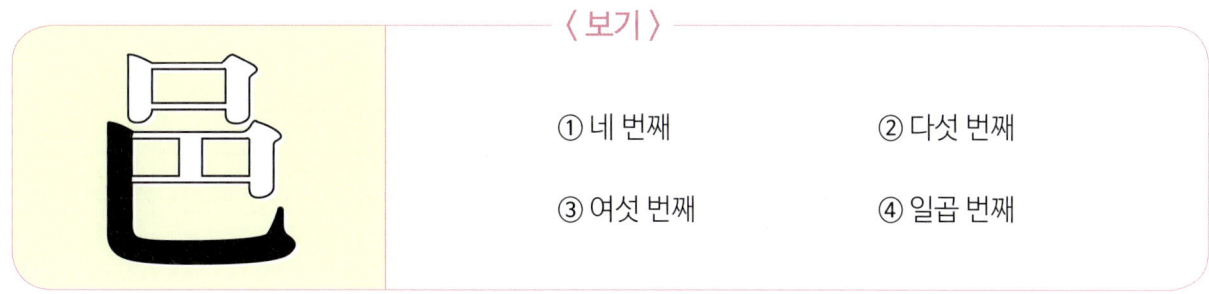

〈 보기 〉

① 네 번째   ② 다섯 번째

③ 여섯 번째   ④ 일곱 번째

한자로 배우는 교과서 필수 어휘

뜻　읍의 안
예문　<u>읍내</u>에는 영화관이 없어 인근 도시로 가야만 했다.

뜻　한 나라의 도읍(서울)인 곳
예문　신라의 <u>도읍지</u>는 경주였다.

한자 공부 18일 차 • 81

한자 공부 18일

面
낯 면

- 뜻 ⋯ 낯
- 소리 ⋯ 면
- 부수 ⋯ 面
- 쓰기 순서 ⋯ 一 ㄱ 厂 丆 丙 而 面 面 面

사람의 머리둘레와 눈을 특징지어서 그린 것으로, '얼굴'을 뜻합니다.

한자를 따라 써 보고, 한자의 뜻에 해당하는 그림을 색칠해 보세요.

面	面	面	面	面	面
낯 면	낯 면	낯 면	낯 면	낯 면	낯 면

💡 **급수 시험 예상 문제**

1 다음 글의 ( ) 안에 있는 한자의 읽는 소리를 쓰세요.

(1) 건물을 정(面)에서 바라보았다.

(2) 옛날 양반들은 체(面)을 중시하여 아무리 바빠도 뛰지 않았다.

2 다음 밑줄 친 말에 해당하는 한자를 〈보기〉에서 찾아 그 번호를 쓰세요.

〈 보기 〉

① 洞　　② 里　　③ 面　　④ 邑

(1) 친구는 마음과 <u>얼굴</u> 모두 예쁘다.

(2) 윤하는 앞에 나가 발표를 하면, <u>낯</u>이 빨개진다.

3 다음 한자의 진하게 표시한 획은 몇 번째 쓰는지 〈보기〉에서 찾아 그 번호를 쓰세요.

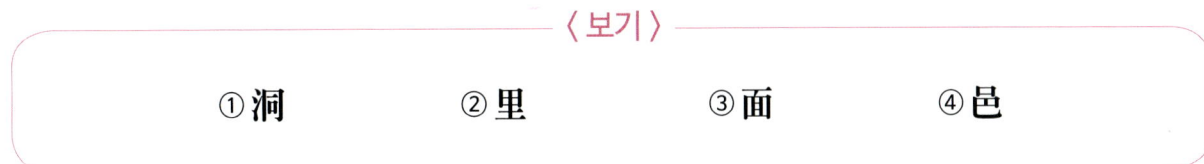

〈 보기 〉

① 다섯 번째　　② 여섯 번째

③ 일곱 번째　　④ 여덟 번째

💡 **한자로 배우는 교과서 필수 어휘**

가	面

- 뜻: 얼굴을 감추거나 달리 꾸미기 위하여 나무, 종이, 흙 따위로 만들어 얼굴에 쓰는 물건
- 예문: 국어 시간에 가면을 쓰고 역할 놀이를 했다.

面	담

- 뜻: 서로 만나서 이야기함.
- 예문: 이번 주는 담임 선생님과 면담을 하는 기간이다.

里

마을 리

- 뜻 … 마을
- 소리 … 리
- 부수 … 里
- 쓰기 순서 … 丨, 冂, 日, 日, 旦, 甲, 里

한자 공부 19일
里 / 洞

田(밭 전)과 土(흙 토)가 결합한 모습으로, 밭과 흙이 있어 농사를 지으면서 사람들이 모여 살게 된 '마을'을 뜻합니다. '거리를 재는 단위'로도 사용됩니다.

한자를 따라 써 보고, 한자의 뜻에 해당하는 그림을 색칠해 보세요.

里	里	里	里	里	里
마을 리	마을 리	마을 리	마을 리	마을 리	마을 리

공부한 날 ◯월 ◯일

정답 117쪽

급수 시험 예상 문제

1 다음 글의 ( ) 안에 있는 한자의 읽는 소리를 쓰세요.

(1) 중국의 만(里)장성은 세계적인 문화유산이다.

(2) 옛날에는 (里)가 거리의 단위였으며, 10(里)는 약 4km였다.

2 다음 밑줄 친 말에 해당하는 한자를 〈보기〉에서 찾아 그 번호를 쓰세요.

〈 보기 〉

① 面   ② 村   ③ 夫   ④ 里

(1) 우리나라의 북쪽 끝에서 남쪽 끝까지를 삼천 리 정도 된다고 말한다.

(2) 옛날에는 10리 길을 걸어 다니기도 하였다.

3 다음 한자의 진하게 표시한 획은 몇 번째 쓰는지 〈보기〉에서 찾아 그 번호를 쓰세요.

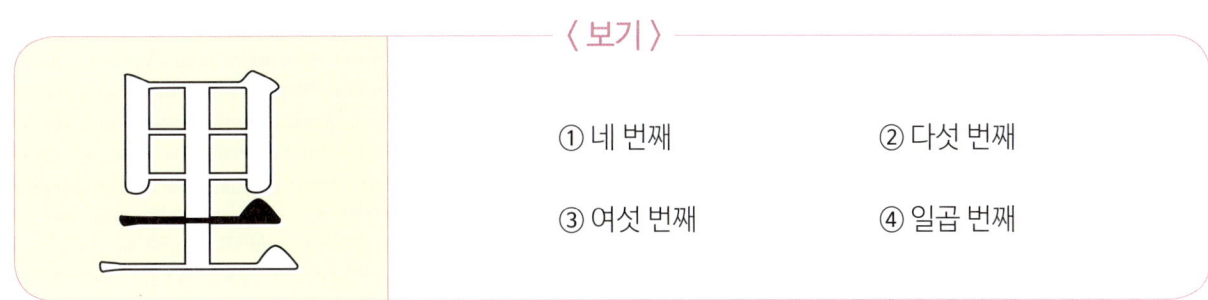

〈 보기 〉

① 네 번째   ② 다섯 번째

③ 여섯 번째   ④ 일곱 번째

한자로 배우는 교과서 필수 어휘

里
- 뜻: 땅 위의 거리를 세는 말
- 예문: 나를 버리고 가는 님은 십 리도 못 가서 발병 난다.

일 사 천 리

- 뜻: 강물이 빨리 흘러 천 리를 간다는 뜻으로, 어떤 일이 빠르고 순조롭게 진행되는 것
- 예문: 고모의 결혼은 일사천리로 진행되었다.

한자 공부 19일 차 · 85

한자 공부 19일
里 / 洞

洞 골 동 / 밝을 통

- 뜻 … 골/밝을
- 소리 … 동/통
- 부수 … 水
- 쓰기 순서 … ` ` ` 氵 氵 洞 洞 洞 洞 洞

산과 산 사이에 움푹 패어 들어간 곳을 말하며, '마을(동네)', '밝다', '꿰뚫다', '통하다'를 뜻하기도 합니다.

한자를 따라 써 보고, 한자의 뜻에 해당하는 그림을 색칠해 보세요.

洞	洞	洞	洞	洞	洞
골 동 / 밝을 통	골 동 / 밝을 통	골 동 / 밝을 통	골 동 / 밝을 통	골 동 / 밝을 통	골 동 / 밝을 통

공부한 날 ○월 ○일   정답 117쪽

💡 급수 시험 예상 문제

1 다음 글의 ( ) 안에 있는 한자의 읽는 소리를 쓰세요.

(1) 박쥐는 (洞)굴에서 산다.

(2) 그 친구들은 하나같이 깊은 사고력과 (洞)찰력을 가졌다.

2 다음 밑줄 친 말에 해당하는 한자를 〈보기〉에서 찾아 그 번호를 쓰세요.

〈 보기 〉

① 洞　　　② 心　　　③ 口　　　④ 夫

(1) 골짜기를 흐르는 물은 아주 맑다.

(2) 설악산은 골이 깊고 경치가 아름답기로 유명하다.

3 다음 한자의 진하게 표시한 획은 몇 번째 쓰는지 〈보기〉에서 찾아 그 번호를 쓰세요.

〈 보기 〉

① 첫 번째　　② 두 번째
③ 세 번째　　④ 네 번째

💡 한자로 배우는 교과서 필수 어휘

| 洞 | 네 | 방 | 네 |

뜻 온 동네
예문 할머니는 동네방네 손녀 자랑을 하셨다.

| 洞 | 구 |

뜻 동네 어귀(입구)
예문 우리 마을의 동구에는 큰 느티나무가 서 있다.

夫
지아비 부

- 뜻 ⋯ 지아비
- 소리 ⋯ 부
- 부수 ⋯ 大
- 쓰기 순서 ⋯ 一 ▸ 二 ▸ 夫 ▸ 夫

한자 공부 20일
夫 / 村

머리에 상투를 튼 모양 ―(한 일)과 어른이라는 大(큰 대)가 합쳐져 '성인 남성', '남편(지아비)'을 뜻합니다.

한자를 따라 써 보고, 한자의 뜻에 해당하는 그림을 색칠해 보세요.

夫	夫	夫	夫	夫	夫
지아비 부	지아비 부	지아비 부	지아비 부	지아비 부	지아비 부

급수 시험 예상 문제

1 다음 글의 ( ) 안에 있는 한자의 읽는 소리를 쓰세요.

(1) 부모님은 (夫)부 모임에 가시고 형과 나만 남았다.

(2) 농(夫)에게는 땅이 생명이다.

2 다음 밑줄 친 말에 해당하는 한자를 〈보기〉에서 찾아 그 번호를 쓰세요.

〈보기〉

① 村　　　② 夫　　　③ 洞　　　④ 植

(1) <u>남편과 아내</u>를 부부라 부른다.

(2) 웃어른 앞에서 <u>남편</u>을 낮추어 부를 때 '지아비'라고 한다.

3 다음 한자의 진하게 표시한 획은 몇 번째 쓰는지 〈보기〉에서 찾아 그 번호를 쓰세요.

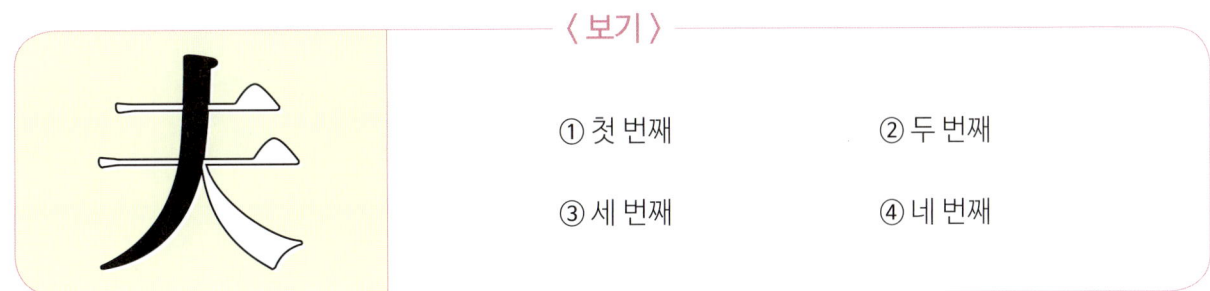

〈보기〉

① 첫 번째　　② 두 번째
③ 세 번째　　④ 네 번째

 한자로 배우는 교과서 필수 어휘

- 뜻: 학문이나 기술을 배우고 익힘.
- 예문: 공부는 일생 동안 끊임없이 해야 한다.

- 뜻: 물고기를 잡는 사람
- 예문: 어부는 바다에서 큰 물고기를 잡았다.

村

마을 촌

뜻	마을
소리	촌
부수	木
쓰기 순서	一 → 十 → 才 → 木 → 村 → 村

한자 공부 20일

夫 / 村

木(나무 목)과 寸(마디 촌)이 결합한 모습으로, '마을'이라는 뜻입니다. 농촌 사회를 의미하기도 합니다.

한자를 따라 써 보고, 한자의 뜻에 해당하는 그림을 색칠해 보세요.

村	村	村	村	村	村
마을 촌	마을 촌	마을 촌	마을 촌	마을 촌	마을 촌

공부한 날 ●월 ●일

정답 117쪽

급수 시험 예상 문제

1 다음 글의 ( ) 안에 있는 한자의 읽는 소리를 쓰세요.

(1) 어(**村**)은 바닷가 마을이다.

(2) 우리는 방학 때마다 할아버지가 계시는 농(**村**)으로 간다.

2 다음 밑줄 친 말에 해당하는 한자를 〈보기〉에서 찾아 그 번호를 쓰세요.

〈 보기 〉

① 林   ② 植   ③ 村   ④ 夫

(1) 우리 마을에 새로운 길이 생겼다.

(2) 이번 주말에는 시골에서 자연을 접해 보자!

3 다음 한자의 진하게 표시한 획은 몇 번째 쓰는지 〈보기〉에서 찾아 그 번호를 쓰세요.

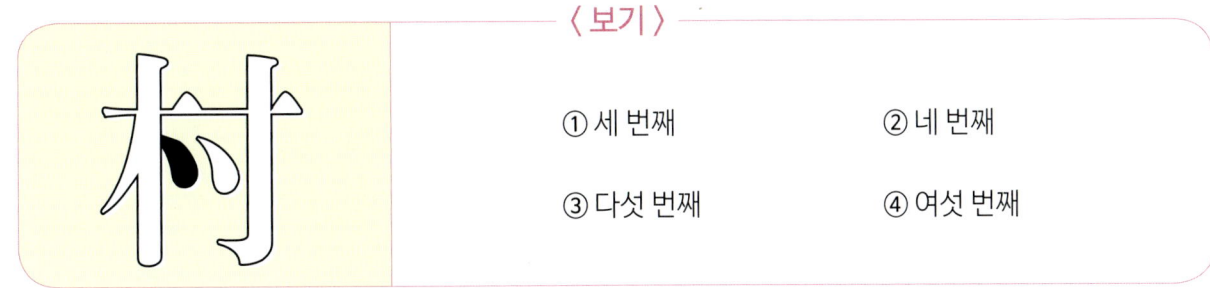

〈 보기 〉

① 세 번째   ② 네 번째

③ 다섯 번째   ④ 여섯 번째

한자로 배우는 교과서 필수 어휘

村 락
- 뜻: 시골의 마을
- 예문: 도시는 촌락에 비해 큰 건물과 차들이 많다.

지 구 村
- 뜻: 지구 전체를 한 마을처럼 여겨 이르는 말
- 예문: 교통수단의 발달로 전 세계를 지구촌으로 연결해 놓았다.

한자 공부 20일 차 • 91

한자 공부 21일
植 / 林

植
심을 식

- 뜻 … 심을
- 소리 … 식
- 부수 … 木
- 쓰기 순서 … 一 ▶ 十 ▶ 十 ▶ 木 ▶ 朴 ▶ 朴 ▶ 柎 ▶ 枯 ▶ 桔 ▶ 植 ▶ 植 ▶ 植

木(나무 목)과 直(곧을 직)이 결합한 모습으로, '나무를 곧게 심다'라는 뜻입니다.

한자를 따라 써 보고, 한자의 뜻에 해당하는 그림을 색칠해 보세요.

植	植	植	植	植	植
심을 식	심을 식	심을 식	심을 식	심을 식	심을 식

공부한 날 ●월 ●일　　　　　　　　　　　　　　　　　　　　　정답 117쪽

💡 급수 시험 예상 문제

1 다음 글의 (　) 안에 있는 한자의 읽는 소리를 쓰세요.

(1) (植)목일은 나무를 심는 날이다.

(2) 바다에도 많은 동(植)물이 살고 있다.

2 다음 밑줄 친 말에 해당하는 한자를 〈보기〉에서 찾아 그 번호를 쓰세요.

〈 보기 〉

① 村　　　② 林　　　③ 然　　　④ 植

(1) 우리 가족은 나의 1학년 입학 기념으로 나무를 <u>심었</u>다.

(2) <u>식물</u>은 햇빛을 받아 스스로 영양분을 만든다.

3 다음 한자의 진하게 표시한 획은 몇 번째 쓰는지 〈보기〉에서 찾아 그 번호를 쓰세요.

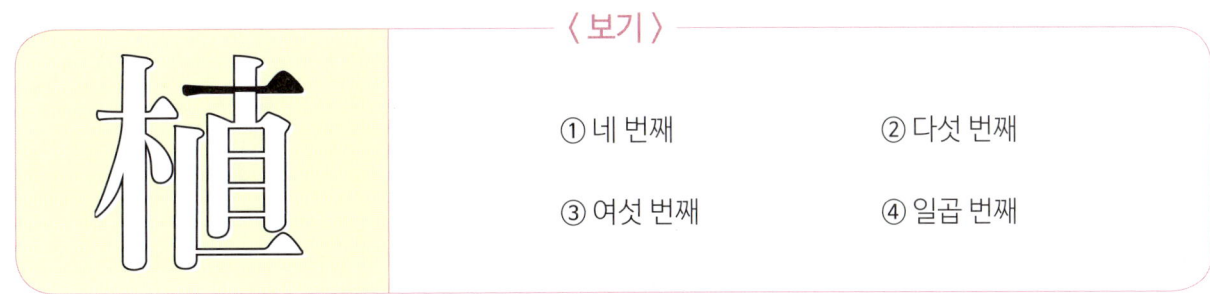

〈 보기 〉

① 네 번째　　　② 다섯 번째

③ 여섯 번째　　④ 일곱 번째

💡 한자로 배우는 교과서 필수 어휘

| 植 | 물 | 도 | 감 |

뜻　식물의 모양, 생태 등의 자료를 모아서 종류별로 정리한 책
예문　내가 좋아하는 꽃을 식물도감에서 찾아보았다.

| 植 | 물 | 원 |

뜻　많은 종류의 식물을 모아 기르는 곳
예문　휴일을 맞이하여 친구들과 식물원에서 즐거운 시간을 보냈다.

한자 공부 21일 차 • 93

林
수풀 림(임)

- 뜻 … 수풀
- 소리 … 림(임)
- 부수 … 木
- 쓰기 순서 … 一 ▸ 十 ▸ 才 ▸ 木 ▸ 朴 ▸ 村 ▸ 材 ▸ 林

한자 공부 21일 植 / 林

木(나무 목)자를 겹쳐 그린 것으로, '나무가 많다'라는 뜻입니다. 앞에 오면 '임', 뒤에 오면 '림'으로 읽습니다.

한자를 따라 써 보고, 한자의 뜻에 해당하는 그림을 색칠해 보세요.

林	林	林	林	林	林
수풀 림(임)	수풀 림(임)	수풀 림(임)	수풀 림(임)	수풀 림(임)	수풀 림(임)

급수 시험 예상 문제

1 다음 글의 ( ) 안에 있는 한자의 읽는 소리를 쓰세요.

(1) 밀(林)은 우리에게 깨끗한 공기를 준다.

(2) 최근 들어 자연 휴양(林)을 찾는 사람이 많다고 한다.

2 다음 밑줄 친 말에 해당하는 한자를 〈보기〉에서 찾아 그 번호를 쓰세요.

〈 보기 〉

① 林   ② 然   ③ 歌   ④ 植

(1) 수풀은 홍수와 산사태를 막아 준다.

(2) 숲에서 도토리를 먹는 다람쥐를 보았다.

3 다음 한자의 진하게 표시한 획은 몇 번째 쓰는지 〈보기〉에서 찾아 그 번호를 쓰세요.

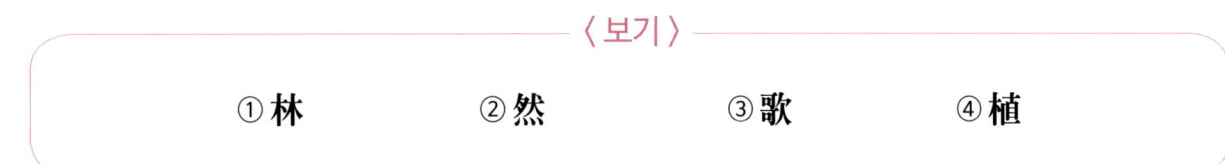

〈 보기 〉

① 다섯 번째   ② 여섯 번째

③ 일곱 번째   ④ 여덟 번째

한자로 배우는 교과서 필수 어휘

- 뜻: 나무가 많이 우거진 숲
- 예문: 삼림에 불이 나지 않도록 조심해야 한다.

- 뜻: 숲에서 산책하거나 온몸을 드러내고 숲 기운을 쐬는 일
- 예문: 수목원은 산림욕을 즐기려는 사람들로 붐볐다.

然

그럴 연

- 뜻 ⋯ 그럴
- 소리 ⋯ 연
- 부수 ⋯ 火
- 쓰기 순서 ⋯ ノ ⏵ ク ⏵ タ ⏵ タ ⏵ 夕⺀ ⏵ 夕⺀⺀ ⏵ 夕⺀⺀⺀ ⏵ 然 ⏵ 然 ⏵ 然 ⏵ 然 ⏵ 然

한자 공부 22일
然 / 歌

고기 [月=肉]를 불 [火]에 구워 먹어야 하는 것은 당연하다는 뜻으로 만들어졌습니다. '**그러하다**', '**그러하다고 여기다**' 를 뜻합니다.

한자를 따라 써 보고, 한자의 뜻에 해당하는 그림을 색칠해 보세요.

然	然	然	然	然	然
그럴 연	그럴 연	그럴 연	그럴 연	그럴 연	그럴 연

공부한 날 ◯월 ◯일

정답 117쪽

급수 시험 예상 문제

1 다음 글의 ( ) 안에 있는 한자의 읽는 소리를 쓰세요.

(1) 자(然) 보호의 중요성은 모든 사람들이 알고 있다.

(2) 민규네 가족은 피부에 좋은 천(然) 비누를 만들어 사용한다.

2 다음 밑줄 친 말에 해당하는 한자를 〈보기〉에서 찾아 그 번호를 쓰세요.

〈 보기 〉

① 登   ② 然   ③ 林   ④ 歌

(1) 학생에게는 책은 없어서는 안 될 물건이며, 공책과 연필도 그렇다.

(2) 실수를 했다면, 그럴 때는 인정하고 사과하는 용기가 필요하다.

3 다음 한자의 진하게 표시한 획은 몇 번째 쓰는지 〈보기〉에서 찾아 그 번호를 쓰세요.

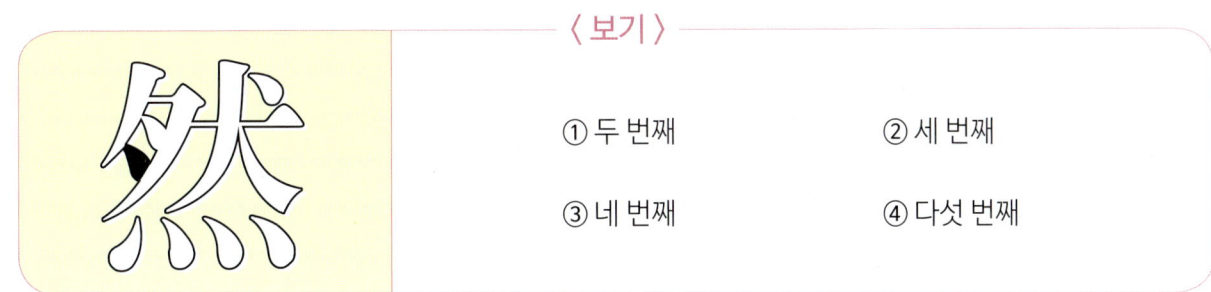

〈 보기 〉

① 두 번째   ② 세 번째
③ 네 번째   ④ 다섯 번째

한자로 배우는 교과서 필수 어휘

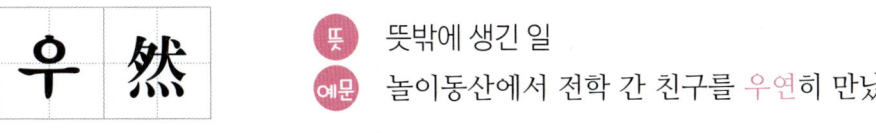

| 우 | 然 |

뜻) 뜻밖에 생긴 일
예문) 놀이동산에서 전학 간 친구를 우연히 만났다.

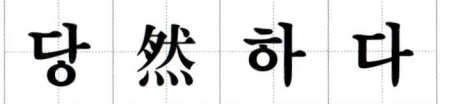

| 당 | 然 | 하 | 다 |

뜻) 일의 앞뒤 사정을 볼 때 마땅히 그러하다.
예문) 웃어른을 보면 인사를 하는 것은 당연하다.

한자 공부 22일 차 · 97

歌
노래 가

- 뜻 → 노래
- 소리 → 가
- 부수 → 欠
- 쓰기 순서 → 一 ㄱ ㅠ ㅠ 可 可 팤 핓 핓 팤 팤 歌 歌

하품 흠(欠)과 노래한다는 哥(가)가 합하여 '노래'를 뜻합니다.

한자를 따라 써 보고, 한자의 뜻에 해당하는 그림을 색칠해 보세요.

歌	歌	歌	歌	歌	歌
노래 가	노래 가	노래 가	노래 가	노래 가	노래 가

공부한 날 ◯월 ◯일　　　　　　　　　　　　　　　　　　　　　　정답 117쪽

 급수 시험 예상 문제

1 다음 글의 (　) 안에 있는 한자의 읽는 소리를 쓰세요.

(1) 언니의 장래 희망은 인기 있는 (**歌**)수이다.

(2) 생일잔치에서 친구들이 축(**歌**)를 불러 주었다.

2 다음 밑줄 친 말에 해당하는 한자를 〈보기〉에서 찾아 그 번호를 쓰세요.

〈 보기 〉

① 然　　　② 登　　　③ 歌　　　④ 祖

(1) 예준이 아버지는 기분이 좋을 때마다 <u>노래</u>를 부르신다.

(2) 기념식을 시작할 때, 애국<u>가</u>를 불렀다.

3 다음 한자의 진하게 표시한 획은 몇 번째 쓰는지 〈보기〉에서 찾아 그 번호를 쓰세요.

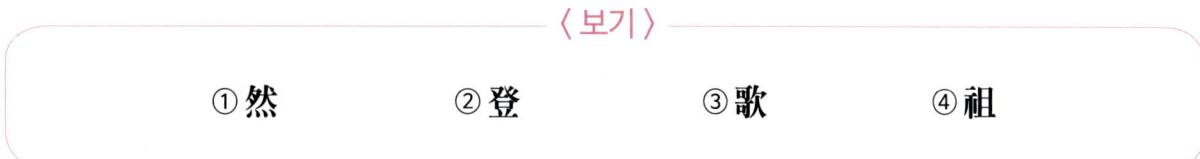

〈 보기 〉

① 열 번째　　　② 열한 번째

③ 열두 번째　　　④ 열세 번째

 한자로 배우는 교과서 필수 어휘

- 뜻: 한때 유행하는 노래
- 예문: 할아버지는 흘러간 유행가를 즐겨 들으신다.

- 뜻: 한 학교를 상징하는, 공적인 노래
- 예문: 우리 학교 교가는 교장 선생님께서 만드셨다.

한자 공부 22일 차 · **99**

登

오를 등

- 뜻 … 오를
- 소리 … 등
- 부수 … 癶
- 쓰기 순서 … 丁 → 丆 → 癶' → 癶 → 癶 → 癶 → 癶 → 登 → 登 → 登 → 登 → 登

한자 공부 23일
登 / 祖

신에게 바칠 음식을 들고 제단 위로 올라가는 모습을 그린 것으로, '오르다'를 뜻합니다.

한자를 따라 써 보고, 한자의 뜻에 해당하는 그림을 색칠해 보세요.

登	登	登	登	登	登
오를 등	오를 등	오를 등	오를 등	오를 등	오를 등

공부한 날 ◯월 ◯일

정답 117쪽

급수 시험 예상 문제

1 다음 글의 ( ) 안에 있는 한자의 읽는 소리를 쓰세요.

(1) 북한산은 주말마다 (登)산객들로 붐빈다.

(2) (登)교 시간에 맞추어 집을 나섰다.

2 다음 밑줄 친 말에 해당하는 한자를 〈보기〉에서 찾아 그 번호를 쓰세요.

〈 보기 〉

① 歌　　　② 祖　　　③ 主　　　④ 登

(1) 산을 오르는 사람은 안전 수칙을 지켜야 한다.

(2) 가을이 되면 단풍을 구경하기 위해 설악산을 등반하는 사람이 많다.

3 다음 한자의 진하게 표시한 획은 몇 번째 쓰는지 〈보기〉에서 찾아 그 번호를 쓰세요.

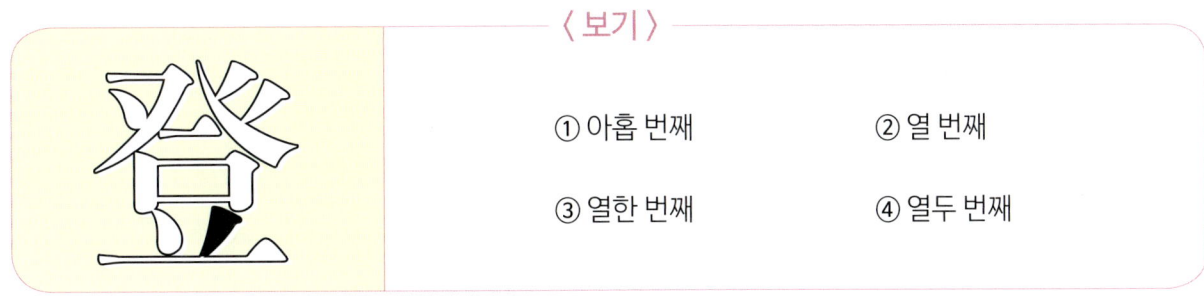

〈 보기 〉

① 아홉 번째　　② 열 번째

③ 열한 번째　　④ 열두 번째

 한자로 배우는 교과서 필수 어휘

- 뜻: 무대나 연단 따위에 나옴.
- 예문: 관객들의 박수를 받으며 주인공이 무대에 등장했다.

- 뜻: 일정한 자격 조건을 갖추기 위하여 단체나 학교 따위에 문서를 올림.
- 예문: 수영을 배우기 위해서 수영 학원에 등록했다.

祖

할아버지 조

- 뜻 … 할아버지
- 소리 … 조
- 부수 … 示
- 쓰기 순서 … ᅳ → ᅮ → ᅲ → ᅲ → ᅲ → 利 → 利 → 衵 → 袓 → 祖

한자 공부 23일
登 / 祖

示(보일 시)와 且(공경스러울 저)가 합쳐져 조상을 공경하는 마음으로 제사상을 차린다는 뜻으로, '할아버지', '조상'을 의미합니다.

한자를 따라 써 보고, 한자의 뜻에 해당하는 그림을 색칠해 보세요.

祖	祖	祖	祖	祖	祖
할아버지 조	할아버지 조	할아버지 조	할아버지 조	할아버지 조	할아버지 조

공부한 날 ◯월 ◯일 정답 117쪽

급수 시험 예상 문제

1 다음 글의 ( ) 안에 있는 한자의 읽는 소리를 쓰세요.

(1) 명절에는 (祖)상님께 차례를 지낸다.

(2) 김구 선생님은 (祖)국의 독립을 위하여 애쓰신 분이다.

2 다음 밑줄 친 말에 해당하는 한자를 〈보기〉에서 찾아 그 번호를 쓰세요.

〈 보기 〉

① 祖　　　② 語　　　③ 主　　　④ 登

(1) 할아버지는 엄마의 어릴 적 모습을 얘기해 주시곤 한다.

(2) 우리에게는 조상을 섬기는 문화가 있다.

3 다음 한자의 진하게 표시한 획은 몇 번째 쓰는지 〈보기〉에서 찾아 그 번호를 쓰세요.

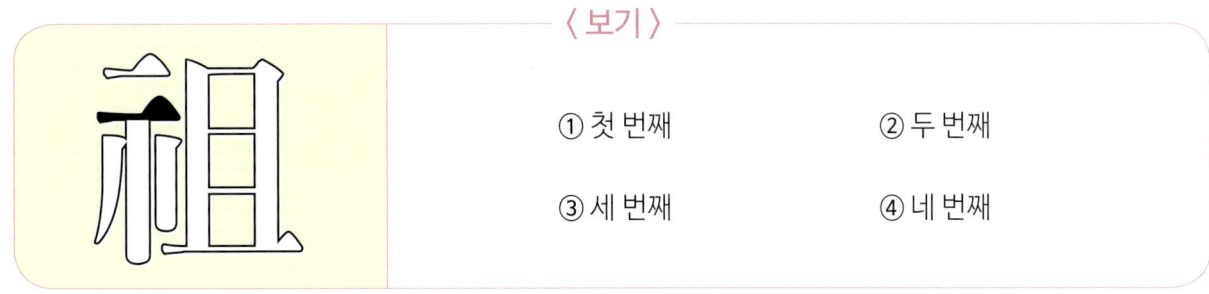

〈 보기 〉

① 첫 번째　　② 두 번째

③ 세 번째　　④ 네 번째

한자로 배우는 교과서 필수 어휘

 먼 윗대의 조상
 선조들의 지혜가 깃든 문화유산을 아끼고 보전하자.

 할아버지와 할머니를 아울러 이르는 말
 조부모님께서는 아직도 고향을 그리워하신다.

한자 공부 24일

主 / 語

主 임금/주인 주

- 뜻 ⋯ 임금/주인
- 소리 ⋯ 주
- 부수 ⋯ 丶
- 쓰기 순서 ⋯ 丶 ㅗ ㅗ 丰 主

촛대를 그린 것으로, 한 집안을 밝혀야 할 사람이 '주인'이라는 뜻을 담고 있습니다. 주인 외에도 '임금'으로도 쓰입니다.

한자를 따라 써 보고, 한자의 뜻에 해당하는 그림을 색칠해 보세요.

主	主	主	主	主	主
임금/주인 주	임금/주인 주	임금/주인 주	임금/주인 주	임금/주인 주	임금/주인 주

참 쉬운 급수 한자 7급

공부한 날 ● 월 ● 일

정답 117쪽

💡 급수 시험 예상 문제

1 다음 글의 ( ) 안에 있는 한자의 읽는 소리를 쓰세요.

(1) 승호는 농구 경기에서 우리 팀 (主)장을 맡았다.

(2) 선생님께서 떨어진 지우개의 (主)인을 찾았다.

2 다음 밑줄 친 말에 해당하는 한자를 〈보기〉에서 찾아 그 번호를 쓰세요.

〈 보기 〉
① 祖   ② 主   ③ 語   ④ 同

(1) 주인이 잃어버린 강아지를 애타게 찾고 있다.

(2) 도담이는 연극에서 주된 역할을 하였다.

3 다음 한자의 진하게 표시한 획은 몇 번째 쓰는지 〈보기〉에서 찾아 그 번호를 쓰세요.

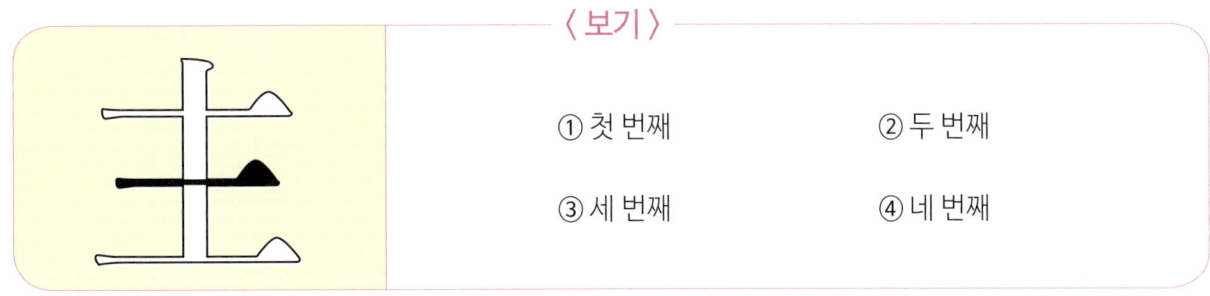

〈 보기 〉
① 첫 번째   ② 두 번째
③ 세 번째   ④ 네 번째

💡 한자로 배우는 교과서 필수 어휘

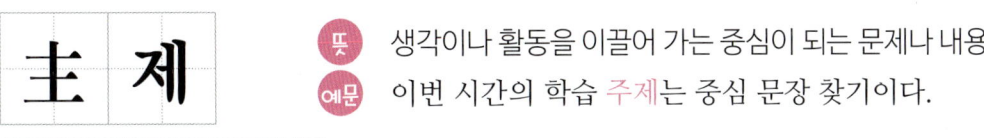

뜻: 생각이나 활동을 이끌어 가는 중심이 되는 문제나 내용
예문: 이번 시간의 학습 주제는 중심 문장 찾기이다.

뜻: 연극, 영화, 소설 따위에서 이야기의 중심인물
예문: 그 영화의 주인공은 여러 명이다.

한자 공부 24일
主 / 語

語 말씀 어

- 뜻 … 말씀
- 소리 … 어
- 부수 … 言
- 쓰기 순서 … 一 → 二 → 三 → 三 → 言 → 言 → 言 → 訂 → 語 → 語 → 語 → 語 → 語 → 語

言(말씀 언)과 吾(나 오)가 결합한 모습으로, '나의 생각을 말한다'라는 뜻으로 풀이됩니다.

한자를 따라 써 보고, 한자의 뜻에 해당하는 그림을 색칠해 보세요.

語	語	語	語	語	語
말씀 어	말씀 어	말씀 어	말씀 어	말씀 어	말씀 어

급수 시험 예상 문제

1 다음 글의 ( ) 안에 있는 한자의 읽는 소리를 쓰세요.

(1) 외국(語)와 외래(語)를 구별해야 한다.

(2) 영(語), 중국(語), 일본(語), 독일(語), 프랑스(語)

2 다음 밑줄 친 말에 해당하는 한자를 〈보기〉에서 찾아 그 번호를 쓰세요.

〈 보기 〉

①同   ②色   ③語   ④主

(1) 어머님은 내가 말이 많다고 주의를 주셨다.

(2) 교장 선생님은 조회 시간에 우리에게 중요한 말씀을 하셨다.

3 다음 한자의 진하게 표시한 획은 몇 번째 쓰는지 〈보기〉에서 찾아 그 번호를 쓰세요.

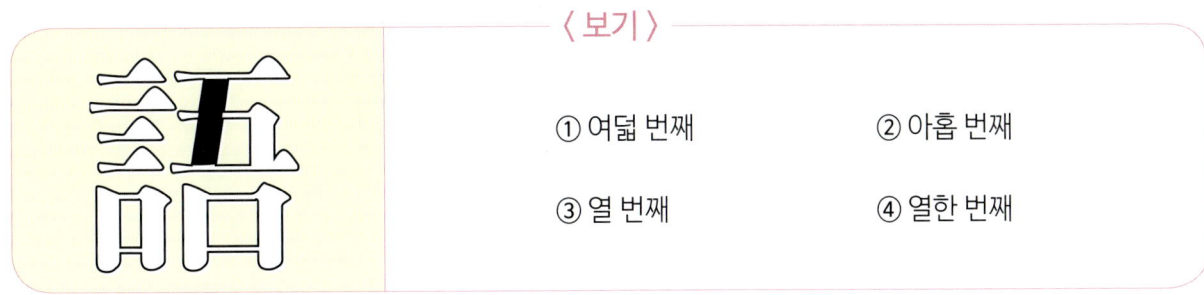

〈 보기 〉

① 여덟 번째   ② 아홉 번째

③ 열 번째   ④ 열한 번째

한자로 배우는 교과서 필수 어휘

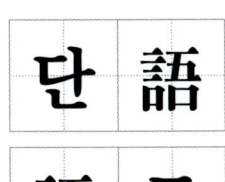

- 뜻: 일정한 뜻과 기능을 가지고 있으면서 홀로 쓰일 수 있는 가장 작은 말의 단위
- 예문: 모르는 단어의 뜻을 국어사전에서 찾았다.

- 뜻: (개인의) 말을 하는 방식
- 예문: 아버지는 화가 풀리셨는지 어투가 부드러워졌다.

한자 공부 25일 — 同 / 色

同
한가지 동

- 뜻 … 한가지
- 소리 … 동
- 부수 … 口
- 쓰기 순서 … 丨 → 冂 → 冂 → 冋 → 同 → 同

凡(무릇 범)과 口(입 구)가 결합한 모습으로, '모두가 말을 하다', '이야기를 함께 나누다' 라는 뜻이 되었습니다.

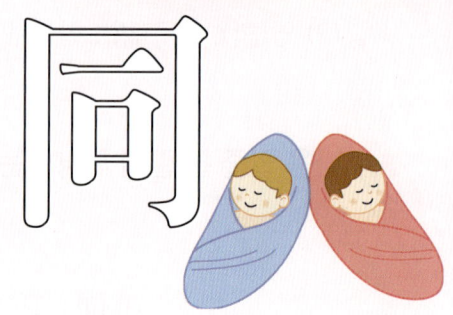

한자를 따라 써 보고, 한자의 뜻에 해당하는 그림을 색칠해 보세요.

同	同	同	同	同	同
한가지 동	한가지 동	한가지 동	한가지 동	한가지 동	한가지 동

108 · 참 쉬운 급수 한자 7급

급수 시험 예상 문제

1 다음 글의 ( ) 안에 있는 한자의 읽는 소리를 쓰세요.

(1) 형과 누나들은 (同)생을 돌보아 주었다.

(2) 친구의 (同)의를 받고 지우개를 잠시 빌려 썼다.

2 다음 밑줄 친 말에 해당하는 한자를 〈보기〉에서 찾아 그 번호를 쓰세요.

〈 보기 〉

① 語　　② 色　　③ 然　　④ 同

(1) 수업을 마치고 <u>같은</u> 아파트 단지에 사는 친구와 함께 집으로 갔다.

(2) 선생님의 부름에 <u>하나같이</u> 큰 소리로 대답했다.

3 다음 한자의 진하게 표시한 획은 몇 번째 쓰는지 〈보기〉에서 찾아 그 번호를 쓰세요.

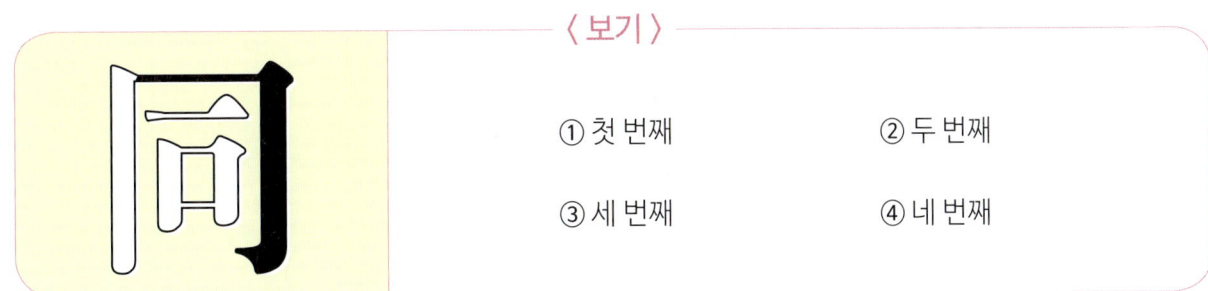

〈 보기 〉

① 첫 번째　　② 두 번째

③ 세 번째　　④ 네 번째

 한자로 배우는 교과서 필수 어휘

- 뜻: 같은 때나 시기
- 예문: 수업 종소리와 <u>동시</u>에 선생님께서 교실 문을 열었다.

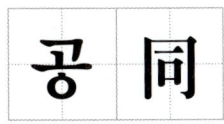

- 뜻: 어떤 일을 여럿이 함께하거나 함께 관계되는 것
- 예문: 친구들과 <u>공동</u>으로 미술 작품을 만들었다.

한자 공부 25일 同 / 色

色
빛 색

뜻	빛
소리	색
부수	色
쓰기 순서	⺈, ⺈, 刍, 刍, 刍, 色

사람(人)과 병부 절(卩 - 증거가 되는 물건)의 뜻이 합쳐져 사람의 마음과 안색이 일치한다는 뜻으로, **'안색'**, **'빛깔'**을 뜻합니다.

한자를 따라 써 보고, 한자의 뜻에 해당하는 그림을 색칠해 보세요.

공부한 날 ◯월 ◯일　　　　　　　　　　　　　　　　　　　　　정답 117쪽

 급수 시험 예상 문제

1 다음 글의 ( ) 안에 있는 한자의 읽는 소리를 쓰세요.

(1) 하얀 도화지에 그림을 그리고 예쁘게 (**色**)칠도 했다.

(2) 나는 (**色**)연필로 그림 그리기를 좋아한다.

2 다음 밑줄 친 말에 해당하는 한자를 〈보기〉에서 찾아 그 번호를 쓰세요.

〈 보기 〉

① 色　　　② 然　　　③ 歌　　　④ 登

(1) 나는 여러 사람 앞에 서면 얼굴<u>빛</u>이 빨갛게 된다.

(2) 비가 그치고 구름 사이로 일곱 <u>빛깔</u> 무지개가 나타났다.

3 다음 한자의 진하게 표시한 획은 몇 번째 쓰는지 〈보기〉에서 찾아 그 번호를 쓰세요.

〈 보기 〉

① 첫 번째　　② 두 번째

③ 세 번째　　④ 네 번째

 한자로 배우는 교과서 필수 어휘

染色
- 뜻: (천이나 머리카락 등을) 다른 색깔로 물들이는 것
- 예문: 조부모님께서는 한 달에 한 번씩 머리 염색을 하신다.

顔色
- 뜻: 얼굴에 나타나는 표정이나 빛깔
- 예문: 안색이 좋지 않아, 몸에 병이 났다는 것을 알 수 있었다.

참 쉬운 급수 한자

정답

• 1일 •

出
1. (1) 출 (2) 출
2. (1) ① (2) ①
3. ④

入
1. (1) 입 (2) 입
2. (1) ② (2) ②
3. ②

• 2일 •

有
1. (1) 유 (2) 유
2. (1) ③ (2) ③
3. ①

老
1. (1) 노 (2) 로
2. (1) ④ (2) ④
3. ②

• 3일 •

少
1. (1) 소 (2) 소
2. (1) ① (2) ①
3. ④

夕
1. (1) 석 (2) 석
2. (1) ② (2) ②
3. ③

• 4일 •

春
1. (1) 춘 (2) 춘
2. (1) ③ (2) ③
3. ②

夏
1. (1) 하 (2) 하
2. (1) ④ (2) ④
3. ②

• 5일 •

秋
1. (1) 추 (2) 추
2. (1) ① (2) ①
3. ②

冬
1. (1) 동 (2) 동
2. (1) ② (2) ②
3. ①

• 6일 •

來
1. (1) 내 (2) 래
2. (1) ② (2) ②
3. ③

便
1. (1) 변 (2) 편
2. (1) ③ (2) ③
3. ③

• 7일 •

紙
1. (1) 지, 지 (2) 지
2. (1) ④ (2) ④
3. ①

天
1. (1) 천 (2) 천
2. (1) ① (2) ①
3. ②

• 8일 •

地
1. (1) 지 (2) 지
2. (1) ② (2) ②
3. ②

川
1. (1) 천 (2) 천
2. (1) ③ (2) ③
3. ③

• 9일 •

百
1. (1) 백 (2) 백
2. (1) ④ (2) ④
3. ③

千
1. (1) 천 (2) 천
2. (1) ① (2) ①
3. ①

• 10일 •

重
1. (1) 중 (2) 중
2. (1) ② (2) ②
3. ②

文
1. (1) 문 (2) 문
2. (1) ③ (2) ③
3. ①

• 11일 •

字
1. (1) 자 (2) 자
2. (1) ④ (2) ④
3. ④

旗
1. (1) 기, 기 (2) 기
2. (1) ① (2) ①
3. ④

• 12일 •

住
1. (1) 주 (2) 주
2. (1) ② (2) ②
3. ④

所
1. (1) 소 (2) 소
2. (1) ③ (2) ③
3. ④

13일

命
1. (1) 명 (2) 명
2. (1) ④ (2) ④
3. ③

花
1. (1) 화 (2) 화
2. (1) ① (2) ①
3. ④

14일

草
1. (1) 초 (2) 초
2. (1) ② (2) ②
3. ②

育
1. (1) 육 (2) 육
2. (1) ③ (2) ③
3. ①

15일

算
1. (1) 산 (2) 산
2. (1) ④ (2) ④
3. ④

數
1. (1) 수 (2) 수
2. (1) ① (2) ①
3. ④

16일

休
1. (1) 휴, 휴 (2) 휴
2. (1) ② (2) ②
3. ③

口
1. (1) 구 (2) 구
2. (1) ③ (2) ③
3. ③

17일

心
1. (1) 심 (2) 심
2. (1) ④ (2) ④
3. ①

問
1. (1) 문 (2) 문
2. (1) ① (2) ①
3. ②

18일

邑
1. (1) 읍 (2) 읍
2. (1) ② (2) ②
3. ④

面
1. (1) 면 (2) 면
2. (1) ③ (2) ③
3. ①

• 19일 •

里
1. (1) 리 (2) 리, 리
2. (1) ④ (2) ④
3. ②

洞
1. (1) 동 (2) 통
2. (1) ① (2) ①
3. ③

• 20일 •

夫
1. (1) 부 (2) 부
2. (1) ② (2) ②
3. ③

村
1. (1) 촌 (2) 촌
2. (1) ③ (2) ③
3. ②

• 21일 •

植
1. (1) 식 (2) 식
2. (1) ④ (2) ④
3. ②

林
1. (1) 림 (2) 림
2. (1) ① (2) ①
3. ②

• 22일 •

然
1. (1) 연 (2) 연
2. (1) ② (2) ②
3. ③

歌
1. (1) 가 (2) 가
2. (1) ③ (2) ③
3. ①

• 23일 •

登
1. (1) 등 (2) 등
2. (1) ④ (2) ④
3. ③

祖
1. (1) 조 (2) 조
2. (1) ① (2) ①
3. ②

• 24일 •

主
1. (1) 주 (2) 주
2. (1) ② (2) ②
3. ③

語
1. (1) 어, 어
   (2) 어, 어, 어, 어, 어
2. (1) ③ (2) ③
3. ②

• 25일 •

同
1. (1) 동 (2) 동
2. (1) ④ (2) ④
3. ②

色
1. (1) 색 (2) 색
2. (1) ① (2) ①
3. ②

예상 문제 1회 답안

전국한자능력검정시험 7급 답안지(1)

번호	답안	번호	답안
1	외출	16	충심
2	인구	17	학문
3	소유	18	읍내
4	동로수	19	정면
5	청소년	20	자요
6	내일	21	피기
7	변소	22	이산
8	천지	23	북한
9	중심지	24	평안
10	만국기	25	남도
11	민주	26	남학생
12	인주	27	교실
13	국화	28	문자
14	성명	29	조모
15	식구	30	성명
(서명) 감독위원			

전국한자능력검정시험 7급 답안지(2)

번호	답안	번호	답안
31	성공	51	설 입
32	신내	52	저녁 석
33	동촌	53	④
34	기기	54	⑩
35	불조	55	⑧
36	실아	56	③
37	노래 가	57	②
38	빛 색	58	⑤
39	늙을 로(노)	59	⑦
40	꽃 화	60	①
41	심을 식	61	⑨
42	겨울 동	62	⑥
43	양육	63	④
44	중이 지	64	①
45	입구	65	③
46	눈모	66	②
47	자애비 부	67	②
48	할아버지 조	68	③
49	무거울 중	69	⑥
50	일백 백	70	④

예상 문제 2회 답안

전국한자능력검정시험 7급 답안지(1) (시험시간: 50분)

번호	답안란 정답	채점란 1검	채점란 2검	번호	답안란 정답	채점란 1검	채점란 2검
1	조상			16	전학		
2	주인			17	성공		
3	주산			18	부모		
4	입춘			19	해외		
5	전후			20	농산		
6	백일			21	자연, 춘하추동		
7	신천			22	여월		
8	천년만년			23	산천		
9	이중			24	자동차		
10	문화			25	공장		
11	문자			26	주소, 성명		
12	조모			27	문안		
13	한자어			28	정답		
14	동시			29	출입		
15	산국			30			

전국한자능력검정시험 7급 답안지(2)

번호	답안란 정답	채점란 1검	채점란 2검	번호	답안란 정답	채점란 1검	채점란 2검
31	효자			51	적을 소		
32	북한산, 등산			52	적을 소		
33	여름 하			53	⑨		
34	하늘 천			54	②		
35	날 출			55	⑥		
36	금금			56	①		
37	쉴 휴			57	⑤		
38	마음 심			58	⑩		
39	마을 리			59	④		
40	그럴 연			60	③		
41	마을 촌			61	⑦		
42	말씀 어			62	⑧		
43	오를 등			63	③		
44	심을 식			64	①		
45	있을 유			65	③		
46	무거울 중			66	①		
47	종이 지			67	④		
48	맏 지			68	①		
49	기 기			69	③		
50	바 소			70	⑦		

예상 문제 2회 답안

전국한자능력검정시험 7급 답안지(1) (시험시간:50분)

번호	답안란	번호	답안란	번호	답안란
1	조상	16	건화		
2	주인	17	상오		
3	주소	18	수명		
4	입춘	19	해외		
5	직후	20	동성		
6	백일	21	자연, 춘하추동		
7	천년만년	22	구월		
8	이승	23	산천		
9	군문	24	자동차		
10	문화	25	화초		
11	문자	26	주소, 성명		
12	한자어	27	답		
13	조모	28	문안		
14	독서	29	정		
15	삼국	30	출입		

전국한자능력검정시험 7급 답안지(2)

번호	답안란	번호	답안란
31	효자	51	작을 소
32	북한산, 등산	52	적을 소
33	여름 하	53	⑨
34	하늘 천	54	②
35	날 출	55	⑥
36	금월 중	56	①
37	마음 심	57	⑤
38	마음 리	58	⑩
39	그림 요	59	④
40	마을 촌	60	③
41	마음 에	61	⑧
42	말씀 어	62	⑦
43	오를 등	63	③
44	사람 시	64	①
45	있을 유	65	③
46	무거울 중	66	①
47	명 지	67	④
48	종이 지	68	①
49	기 기	69	③
50	바 소	70	⑦

예상 문제 3회 답안

전국한자능력검정시험 7급 답안지(1) (시험시간: 50분)

번호	답안란 답	번호	답안란 답	번호	답안란 답
1	초목	16	외국인	30	휴교
2	교육	17	수십	29	친구
3	수학	18	동서남북	28	기사
4	교장	19	인산인해	27	전화
5	휴일, 산	20	음교	26	명생
6	불편	21	가수	25	자녀
7	농부	22	해외	24	음악
8	산촌	23	양중		
9	식목일				
10	인심				
11	휴지				
12	이학				
13	오래이				
14	오색				
15	춘추				

전국한자능력검정시험 7급 답안지(2)

번호	답안란 답	번호	답안란 답
31	수촌	51	평평, 똑오를 평
32	강남	52	늙을 로(노)
33	길 장	53	⑩
34	마을 리	54	⑨
35	지애비 부	55	⑧
36	수풀 림	56	⑦
37	설 립	57	⑥
38	셈 산	58	⑤
39	기들 목	59	④
40	그림 도	60	③
41	무거울 중	61	②
42	여름 하	62	②
43	설을 식	63	③
44	바 소	64	①
45	살 주	65	②
46	할아버지 조	66	①
47	말씀 어	67	④
48	한가지 동	68	①
49	목숨 명	69	③
50	기 기	70	⑧

전국한자능력검정시험 7급 문제지

1회

70문항 / 50분 시험 / 시험일자 : 20◯◯. ◯◯. ◯◯
※ 성명과 수험번호를 쓰고 문제지와 답안지는 함께 제출하세요.

성명 ◯◯◯ 수험번호 ◯◯◯-◯◯-◯◯

[01-32] 다음 밑줄 친 漢字語한자어의 音음을 쓰세요.

〈보기〉

漢字 → 한자

01. 우리 가족은 **外出** 준비를 하였습니다.

02. 할머니 댁 **入口**에는 큰 나무가 한 그루 있습니다.

03. 다른 사람이 **所有**한 물건은 함부로 만지지 않습니다.

04. **不老草**는 먹으면 늙지 않는다는 옛이야기의 약초입니다.

05. 사촌 형은 **靑少年** 시절에 미국으로 갔습니다.

06. **來日**은 많은 눈이 내릴 것이라고 합니다.

07. 공원 **便所**는 많은 사람이 이용합니다.

08. **白紙**는 버리기보다는 재활용해야 합니다.

09. 봄이 오자 **天地**는 꽃으로 가득합니다.

10. 시내 **中心地**에는 상가가 많습니다.

11. 운동장에는 **萬國旗**가 펄럭입니다.

12. 우리는 새 아파트에 **入住**를 했습니다.

13. 우리는 **生命** 존중 교육을 받았습니다.

14. 장미는 영국의 **國花**입니다.

15. 우리 집 **食口**는 4명입니다.

16. 내가 **中心**이 되어 축구팀을 결성했습니다.

17. 그는 열심히 **學問**을 닦아 벼슬길에 올랐습니다.

18. 할머니가 사시는 **邑內**에는 도서관이 없었습니다.

19. 우리 학교 **正面**에는 태극기가 펄럭입니다.

20. **自然**을 보호하고 아껴야 합니다.

21. 일학년이 된 우리는 **校歌**를 배웠습니다.

22. **登山**은 좋은 운동이라고 합니다.

23. **北韓**에는 아름다운 금강산이 있습니다.

24. 할머니께 "그동안 **便安**하신지요?"라면서 절을 했다.

25. 부모님에 대한 **孝道**를 실천해야 합니다.

26. 우리 반은 **男學生**이 더 많습니다.

27. 개학날이면 **敎室**은 친구들의 이야기 소리로 가득합니다.

28. 세종 대왕은 **文字**를 만드셨습니다.

29. 할머니를 **祖母**라고 합니다.

30. 모든 **生命**은 소중합니다.

31. 드론이 **上空**을 날아다닙니다.

32. **室內**에서는 조용히 해야 합니다.

[33-52] 다음 漢字_{한자}의 訓_{훈: 뜻}과 音_{음: 소리}을 쓰세요.

〈보기〉

字 → 글자 자

33. 春
34. 旗
35. 草
36. 休
37. 歌
38. 色
39. 老
40. 花
41. 植
42. 冬
43. 地
44. 紙
45. 口
46. 面
47. 夫
48. 祖
49. 重
50. 百
51. 有
52. 夕

[53-62] 다음 訓_{훈: 뜻}과 音_{음: 소리}에 맞는 漢字_{한자}를 〈보기〉에서 골라 그 번호를 쓰세요.

〈보기〉

① 字　② 來　③ 數　④ 問　⑤ 登
⑥ 主　⑦ 同　⑧ 秋　⑨ 川　⑩ 心

53. 물을 문
54. 마음 심
55. 가을 추
56. 셈 수

57. 올 래

58. 오를 등

59. 한가지 동

60. 글자 자

61. 내 천

62. 임금/주인 주

[63-64] 다음 밑줄 친 漢字語한자어를 〈보기〉에서 골라 그 번호를 쓰세요.

〈보기〉

① 洞長　② 邑內　③ 便紙　④ 花草

63. 엄마는 <u>화초</u> 가꾸는 것을 좋아하십니다.

64. 삼촌은 우리 동네의 <u>동장</u>입니다.

[65-66] 다음 漢字한자의 상대 또는 반대되는 漢字한자를〈보기〉에서 골라 그 번호를 쓰세요.

〈보기〉

① 冬　② 老　③ 入　④ 心

65. 出 ↔ (　)

66. 少 ↔ (　)

[67-68] 다음 뜻에 맞는 漢字語한자어를〈보기〉에서 찾아 그 번호를 쓰세요.

〈보기〉

① 春秋　② 住所　③ 敎育　④ 農村

67. 사람이 살고 있는 곳을 행정 구역으로 나타낸 이름

68. 지식과 기술 따위를 가르치며 인격을 길러 줌

[69-70] 다음 漢字한자의 진하게 표시한 획은 몇 번째 쓰는지〈보기〉에서 찾아 그 번호를 쓰세요.

〈보기〉

① 첫 번째　② 두 번째　③ 세 번째
④ 네 번째　⑤ 다섯 번째　⑥ 여섯 번째
⑦ 일곱 번째　⑧ 여덟 번째　⑨ 아홉 번째
⑩ 열 번째

69. 林

70. 夏

 절취선

1회

수험번호 □□□-□□-□□□□	성명 □□□□□ ※ 성명은 한글로 작성
생년월일 □□□□□□ ※ 주민등록번호 앞 6자리 숫자를 기입하십시오.	

※ 필기구는 검정색 볼펜만 가능
※ 답안지는 컴퓨터로 처리되므로 구기거나 더럽히지 마시고, 정답 칸 안에만 쓰십시오.
　글씨가 채점란으로 들어오면 오답처리가 됩니다.

전국한자능력검정시험 7급 답안지(1) (시험시간:50분)

답안란		채점란		답안란		채점란	
번호	정답	1검	2검	번호	정답	1검	2검
1				16			
2				17			
3				18			
4				19			
5				20			
6				21			
7				22			
8				23			
9				24			
10				25			
11				26			
12				27			
13				28			
14				29			
15				30			

감독위원	채점위원(1)		채점위원(2)		채점위원(3)	
(서명)	(득점)	(서명)	(득점)	(서명)	(득점)	(서명)

※ 답안지는 컴퓨터로 처리되므로 구기거나 더럽히지 마시고, 정답 칸 안에만 쓰십시오.
  글씨가 채점란으로 들어오면 오답처리가 됩니다.

전국한자능력검정시험 7급 답안지(2)

번호	정답	1검	2검	번호	정답	1검	2검
31				51			
32				52			
33				53			
34				54			
35				55			
36				56			
37				57			
38				58			
39				59			
40				60			
41				61			
42				62			
43				63			
44				64			
45				65			
46				66			
47				67			
48				68			
49				69			
50				70			

절취선

2회

전국한자능력검정시험 7급 문제지

70문항 / 50분 시험 / 시험일자 : 20◯◯. ◯◯. ◯◯

※ 성명과 수험번호를 쓰고 문제지와 답안지는 함께 제출하세요.

성명 ◯◯◯ 수험번호 ◯◯◯ - ◯◯ - ◯◯◯◯

[01-32] 다음 밑줄 친 **漢字語**한자어의 **音**음을 쓰세요.

〈보기〉

漢字 → 한자

01. 명절에는 **祖上**의 산소를 찾아 성묘합니다.

02. **主人**의 허락을 받고 강아지를 만져 보았습니다.

03. **秋夕**을 한가위라고도 합니다.

04. **立春**에는 우리의 전통 풍습이 있습니다.

05. 점심을 먹은 **直後**에 우리는 운동장으로 향했습니다.

06. 하얀 눈이 **山川**을 덮었습니다.

07. 사촌 동생의 **百日**을 축하하기 위해 모였습니다.

08. 대한민국은 **千年萬年** 빛날 것입니다.

09. 우리 집 창문은 **二重**창입니다.

10. 우리도 **文化**의 수준이 높아졌습니다.

11. 한글은 우리나라 고유의 **文字**입니다.

12. 오늘은 **祖母**님이 돌아가신 날입니다.

13. 우리말에는 **漢字語**로 되어 있는 단어가 많습니다.

14. 선생님 질문에 친구와 내가 **同時**에 말했습니다.

15. 이 풍습은 **三國** 시대부터 비롯되었다고 합니다.

16. 휴대 **電話**를 사용할 때에는 예절을 지켜야 합니다.

17. 비행기가 서울 **上空**을 날아가고 있습니다.

18. **有名**한 연예인을 만나 사인을 받았습니다.

19. 코로나로 **海外** 여행이 많이 줄었습니다.

20. **同生**이 태어나서 기뻤습니다.

21. **自然**은 **春夏秋冬** 그 색깔이 다릅니다.

22. **六月**은 나와 내 동생의 생일이 있는 달입니다.

23. 우리나라의 **山川**은 아름답습니다.

24. **自動車**를 타고 할머니 댁에 갑니다.

25. 우리 동네 주변에는 **工場**이 많습니다.

· 7 ·

제2회 예상 문제

26. 편지 봉투에는 받는 사람의 **住所**와 **姓名**을 씁니다.

27. 부모님은 **花草** 가꾸기를 좋아하신다.

28. 집에 혼자 있기가 **不安**하여 친구를 불렀습니다.

29. 동규는 **正答**을 말했습니다.

30. 그 아파트는 외부인의 **出入**이 자유롭지 않았습니다.

31. 친구는 **孝子**로 소문나 있습니다.

32. 아버지는 **北漢山**으로 **登山**을 가셨습니다.

[33-52] 다음 漢字한자의 訓훈: 뜻과 音음: 소리을 쓰세요.

〈보기〉

字 → 글자 자

33. 夏
34. 天
35. 出
36. 文
37. 算
38. 心
39. 里
40. 然
41. 村
42. 語
43. 登
44. 植
45. 有
46. 重
47. 地
48. 紙
49. 旗
50. 所
51. 小
52. 少

[53-62] 다음 訓훈: 뜻과 音음: 소리에 맞는 漢字한자를 〈보기〉에서 골라 그 번호를 쓰세요.

〈보기〉
① 住　② 便　③ 育　④ 村　⑤ 川
⑥ 千　⑦ 白　⑧ 百　⑨ 同　⑩ 洞

53. 한가지 동

54. 똥오줌 변

55. 일천 천

56. 살 주

57. 내 천

58. 골 동

59. 마을 촌

60. 기를 육

61. 흰 백

62. 일백 백

[63-64] 다음 밑줄 친 漢字語한자어를 〈보기〉에서 골라 그 번호를 쓰세요.

〈보기〉

① 安心　② 學問　③ 軍歌　④ 人口

63. 아버지는 가끔 혼자서 **군가**를 부르십니다.

64. 연락이 되지 않던 동생이 집으로 돌아와 우리 가족은 **안심**하였습니다.

[65-66] 다음 漢字한자의 상대 또는 반대되는 漢字한자를 〈보기〉에서 골라 그 번호를 쓰세요.

〈보기〉

① 木　② 歌　③ 秋　④ 手

65. 春 ↔ ( )

66. 草 ↔ ( )

[67-68] 다음 뜻에 맞는 漢字語한자어를 〈보기〉에서 찾아 그 번호를 쓰세요.

〈보기〉

① 植木　② 十字軍　③ 休日　④ 入學

67. 학생이 되어 공부하기 위해 학교에 들어감

68. 나무를 심음

[69-70] 다음 漢字한자의 진하게 표시한 획은 몇 번째 쓰는지 〈보기〉에서 찾아 그 번호를 쓰세요.

〈보기〉

① 첫 번째　② 두 번째　③ 세 번째
④ 네 번째　⑤ 다섯 번째　⑥ 여섯 번째
⑦ 일곱 번째　⑧ 여덟 번째　⑨ 아홉 번째
⑩ 열 번째

69.

70. 植

수험번호 ☐☐☐-☐☐-☐☐☐☐	성명 ☐☐☐☐☐ ※ 성명은 한글로 작성
생년월일 ☐☐☐☐☐☐ ※ 주민등록번호 앞 6자리 숫자를 기입하십시오.	

※ 필기구는 검정색 볼펜만 가능
※ 답안지는 컴퓨터로 처리되므로 구기거나 더럽히지 마시고, 정답 칸 안에만 쓰십시오.
　글씨가 채점란으로 들어오면 오답처리가 됩니다.

전국한자능력검정시험 7급 답안지(1) (시험시간:50분)

답안란		채점란		답안란		채점란	
번호	정답	1검	2검	번호	정답	1검	2검
1				16			
2				17			
3				18			
4				19			
5				20			
6				21			
7				22			
8				23			
9				24			
10				25			
11				26			
12				27			
13				28			
14				29			
15				30			

감독위원	채점위원(1)		채점위원(2)		채점위원(3)	
(서명)	(득점)	(서명)	(득점)	(서명)	(득점)	(서명)

 절취선

2회

※ 답안지는 컴퓨터로 처리되므로 구기거나 더럽히지 마시고, 정답 칸 안에만 쓰십시오.
  글씨가 채점란으로 들어오면 오답처리가 됩니다.

전국한자능력검정시험 7급 답안지(2)

번호	정답	1검	2검	번호	정답	1검	2검
31				51			
32				52			
33				53			
34				54			
35				55			
36				56			
37				57			
38				58			
39				59			
40				60			
41				61			
42				62			
43				63			
44				64			
45				65			
46				66			
47				67			
48				68			
49				69			
50				70			

 절취선

3회

전국한자능력검정시험 7급 문제지

70문항 / 50분 시험 / 시험일자 : 20○○. ○○. ○○

※ 성명과 수험번호를 쓰고 문제지와 답안지는 함께 제출하세요.

성명 ○○○○○○ 수험번호 ○○○○-○○-○○

[01-32] 다음 밑줄 친 **漢字語**한자어의 **音**음을 쓰세요.

〈보기〉

漢字 → 한자

01. 여름이 되면 온 산에는 **草木**이 무성합니다.

02. 이 책은 아이들 **敎育**에 유익합니다.

03. **數學**을 잘하기 위해서는 구구단을 외워야 합니다.

04. 우리 학교 **校長** 선생님은 좋은 말씀을 많이 하십니다.

05. **休日**에는 많은 사람이 **山**을 찾습니다.

06. 공사 때문에 **不便**을 겪고 있다.

07. **農夫**가 밭에서 땀을 흘리면서 일하고 있습니다.

08. 엄마는 강원도 **山村**에서 자랐습니다.

09. 나라에서는 나무를 가꾸기 위해 **植木日**을 정했습니다.

10. 시골은 **人心**이 후한 편입니다.

11. 나는 운동장에 버려진 **休紙**를 주웠습니다.

12. 형은 캐나다로 **語學** 연수를 떠났습니다.

13. 피아노, 바이올린 같은 말을 **外來語**라고 합니다.

14. 운동장에는 **五色** 깃발이 휘날립니다.

15. 나이를 높여 부를 때 **春秋**라고 합니다.

16. 선생님은 **外國人** 부인을 두셨습니다.

17. 제일 먼저 도착했다고 생각했으나 **數十** 명이 먼저 와 있었습니다.

18. 나침반은 **東西南北**을 지시하는 데 쓰입니다.

19. 설악산은 단풍 구경을 온 사람들로 **人山人海**를 이루었습니다.

20. 내일이 개학이라 **登校** 준비를 하였습니다.

21. 내 주변에는 **歌手**가 꿈인 친구들이 많습니다.

22. 훌륭한 운동선수들이 **海外**로 진출합니다.

23. 새들이 **空中**을 날아다닙니다.

24. **立冬**은 겨울이 시작되는 날이다.

25. 부모와 **子女** 사이에는 많은 대화가 필요합니다.

· 13 ·

제3회 예상 문제

26. 나는 의사가 되어 아픈 사람을 위해 **平生**을 봉사하고 싶습니다.

27. 많은 사람이 휴대 **電話**를 가지고 다닙니다.

28. 신문에 우리 학교에 관한 **記事**가 실렸습니다.

29. **車道**는 차가 다니는 길입니다.

30. 코로나로 우리 학교가 오늘 **休校**를 하였습니다.

31. 할아버지는 **手中**에 돈 없어 걸어 다니던 시절을 이야기하십니다.

32. 아버지는 다섯 형제 중의 **長男**이십니다.

[33-52] 다음 漢字한자의 訓훈:뜻과 音음:소리을 쓰세요.

〈보기〉

字 → 글자 자

33. 長
34. 里
35. 夫
36. 林
37. 數
38. 算
39. 育
40. 然
41. 重
42. 夏
43. 植
44. 所
45. 住
46. 祖
47. 語
48. 同
49. 命
50. 旗
51. 便
52. 老

[53-62] 다음 訓훈:뜻과 音음:소리에 맞는 漢字한자를 〈보기〉에서 골라 그 번호를 쓰세요.

〈보기〉

① 夕 ② 少 ③ 春 ④ 口 ⑤ 問
⑥ 來 ⑦ 千 ⑧ 邑 ⑨ 洞 ⑩ 地

53. 땅 지
54. 골 동
55. 고을 읍

56. 일천 천

57. 올 래

58. 물을 문

59. 입 구

60. 봄 춘

61. 적을 소

62. 저녁 석

[63-64] 다음 밑줄 친 漢字語한자어를 〈보기〉에서 골라 그 번호를 쓰세요.

〈보기〉

① 祖上   ② 出入   ③ 休日   ④ 敎室

63. 그 건물은 <u>출입</u>이 자유롭습니다.

64. <u>휴일</u>이라 병원은 문을 열지 않았습니다.

[65-66] 다음 漢字한자의 상대 또는 반대되는 漢字한자를 〈보기〉에서 골라 그 번호를 쓰세요.

〈보기〉

① 夏   ② 天   ③ 心   ④ 登

65. 地 ↔ ( )

66. 冬 ↔ ( )

[67-68] 다음 뜻에 맞는 漢字語한자어를 〈보기〉에서 찾아 그 번호를 쓰세요.

〈보기〉

① 萬一   ② 中心   ③ 大小   ④ 山川

67. 산과 내라는 뜻으로, '자연'을 이르는 말

68. 혹시 있을지도 모르는 뜻밖의 경우

[69-70] 다음 漢字한자의 진하게 표시한 획은 몇 번째 쓰는지 〈보기〉에서 찾아 그 번호를 쓰세요.

〈보기〉

① 첫 번째   ② 두 번째   ③ 세 번째
④ 네 번째   ⑤ 다섯 번째   ⑥ 여섯 번째
⑦ 일곱 번째   ⑧ 여덟 번째   ⑨ 아홉 번째
⑩ 열 번째

69. 心

70. 語

절취선

3회

수험번호 □□□-□□-□□□□ 성명 □□□□□ ※ 성명은 한글로 작성
생년월일 □□□□□□ ※ 주민등록번호 앞 6자리 숫자를 기입하십시오.

※ 필기구는 검정색 볼펜만 가능
※ 답안지는 컴퓨터로 처리되므로 구기거나 더럽히지 마시고, 정답 칸 안에만 쓰십시오.
  글씨가 채점란으로 들어오면 오답처리가 됩니다.

전국한자능력검정시험 7급 답안지(1) (시험시간:50분)

번호	답안란 정답	채점란 1검	채점란 2검	번호	답안란 정답	채점란 1검	채점란 2검
1				16			
2				17			
3				18			
4				19			
5				20			
6				21			
7				22			
8				23			
9				24			
10				25			
11				26			
12				27			
13				28			
14				29			
15				30			

감독위원	채점위원(1)		채점위원(2)		채점위원(3)	
(서명)	(득점)	(서명)	(득점)	(서경)	(득점)	(서명)

※ 답안지는 컴퓨터로 처리되므로 구기거나 더럽히지 마시고, 정답 칸 안에만 쓰십시오.
　글씨가 채점란으로 들어오면 오답처리가 됩니다.

전국한자능력검정시험 7급 답안지(2)

번호	정답	1검	2검	번호	정답	1검	2검
31				51			
32				52			
33				53			
34				54			
35				55			
36				56			
37				57			
38				58			
39				59			
40				60			
41				61			
42				62			
43				63			
44				64			
45				65			
46				66			
47				67			
48				68			
49				69			
50				70			